백기호 목사가 전하는
솟아나는 샘

백기호 목사의 다른 책들:
동산의샘, 종려가지, 2025
생명의샘, 종려가지, 2025
깊음의샘, 종려가지, 2025
축복의원리 42, 종려가지, 2023
주님의 소리, 종려가지, 2023
복음의 소리, 종려가지, 2023
큰 나팔의 소리, 종려가지, 2023
탄식의 소리, 종려가지, 2022
세미한 소리, 종려가지, 2022
하늘의 소리, 종려가지, 2021
성령의 소리, 종려가지, 2021
광야의 소리, 종려가지, 2021
딱! 100일만 성령님과 동행합시다, 종려가지, 2020
바벨론과 새 예루살렘, 소리, 종려가지, 2019
보혜사의 축복을 받자, 종려가지, 2019
하나님의 예비하신 것, 종려가지, 2018
복음의 7대 연합, 7대 명절의 축복, 종려가지, 2018
매일 양식을 나누어 주는 자, 종려가지, 2018
성령의 나타남 10주제, 종려가지, 2018
이름 없이 빛도 없이

백기호 목사가 전하는 솟아나는 샘

1판 인쇄일 2025년 4월 10일
1쇄 발행일 2025년 4월 17일

지은이 _ 백기호
펴낸이 _ 한치호
펴낸곳 _ 종려가지
등 록 _ 제311- 2014000013호(2014. 3. 21)
주 소 _ 서울특별시 은평구 은평로 14길 9 - 5
전 화 _ 02. 359. 9657
디자인 _ 표지 이순옥/ 내지 구본일
제작대행 세줄기획(02.2265.3749)
영업(총판) 일오삼 전화_ 02. 964.6993 팩스 2208.0153

값 15,000 원

ISBN 979-11-90968-99-7

ⓒ 2025, 백기호 / 저자 연락처 010- 7362- 3593

잘못 만들어진 책은 구입하신 서점에서 바꾸어 드립니다. 책의 주문 및 영업에 대한 문의는 영업대행으로 해주십시오. 문서사역에 대한 질문은 010. 3738. 5307로 해주십시오.

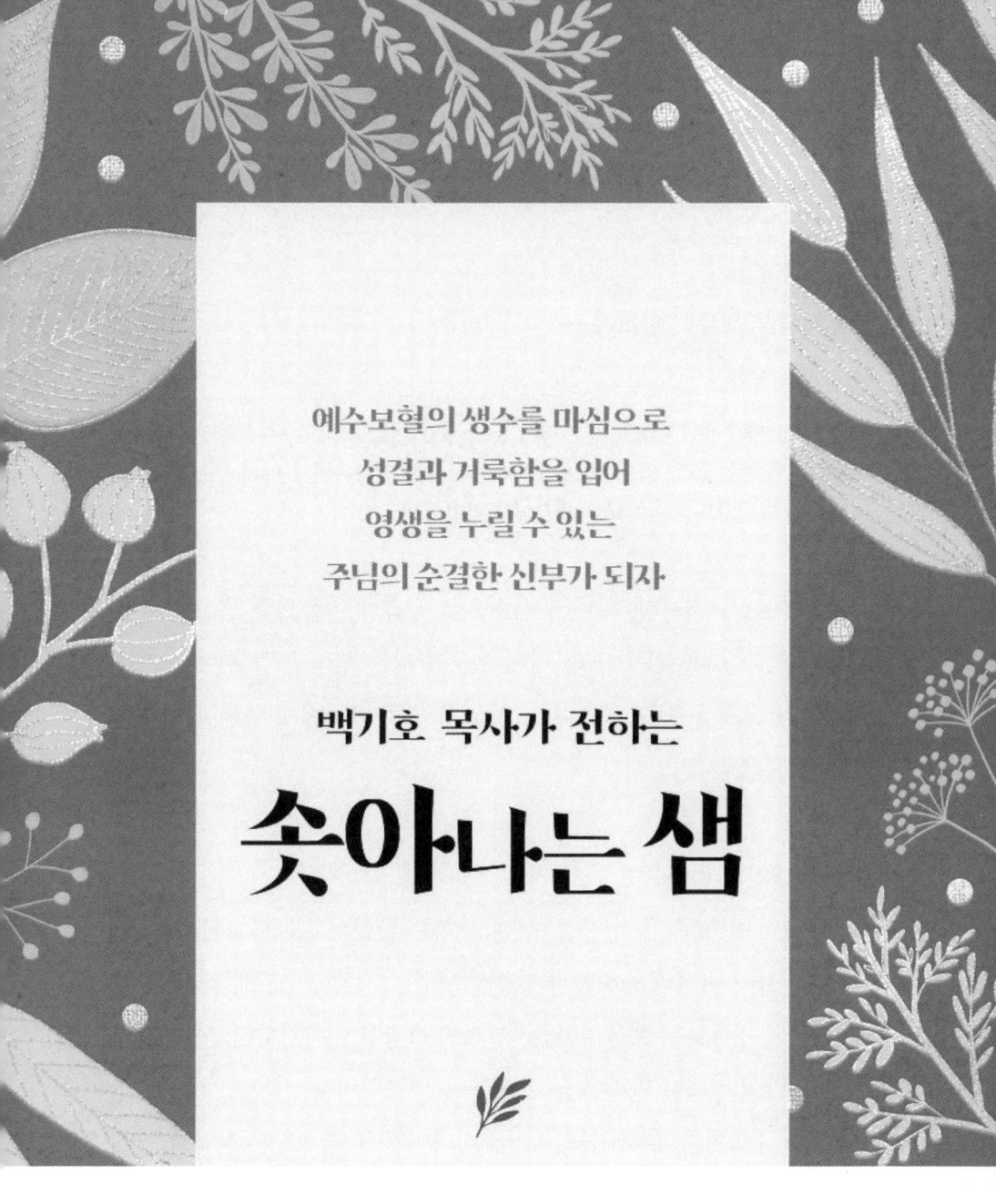

머리말

솟아나는 샘물이 되리라

요 4:13-예수께서 대답하여 가라사대 이 물을 먹는 자마다 다시 목마르려니와 14. 내가 주는 물을 먹는 자는 영원히 목마르지 아니하리니 나의 주는 물은 그 속에서 영생하도록 솟아나는 샘물이 되리라.

모든 이들은 저마다. 목마른 심령으로 갈급한 마음으로 생수를 갈망합니다. '목마른 자들아 다 내게로 오라'라는 성경 구절은 예수 그리스도의 초청을 담고 있으며, 갈망하는 모든 이들에게 영원한 만족을 약속하는 메시지입니다.

1. 현대인의 갈망:
* 물질적 풍요 속 영적 갈증: 현대 사회는 물질적으로 풍요롭지만, 많은 이들이 내면의 공허함과 갈증을 느낍니다. 성공, 명예, 쾌락 등 세상적인 것들로는 채울 수 없는 영적인 갈망을 이야기하며, 예수 그리스도만이 진정한 만족을 줄 수 있음을 강조합니다.
* 관계의 목마름: 현대인들은 소셜 미디어를 통해 수많은 사람과 연결되지만, 진정한 관계의 갈증을 느낍니다. 피상적인 관계가 아닌, 깊은 사랑과 이해를 나눌 수 있는 관계에 대한 갈망을 이야기하며, 예수 그리스도 안에서 참된 공동체를 이룰 수 있음을 제시합니다.
* 의미와 목적의 갈망: 현대인들은 삶의 의미와 목적을 찾지 못해 방

황하기도 합니다. 끊임없이 변화하는 세상 속에서 변하지 않는 가치와 영원한 목적을 갈망하며, 예수 그리스도 안에서 삶의 진정한 의미와 목적을 발견할 수 있음을 전합니다.

2. 예수 그리스도의 초청:

* 생명의 샘: 예수 그리스도는 목마른 자들에게 생명의 샘물을 제공합니다. 이 샘물은 단순한 육체적 갈증 해소를 넘어, 영원한 생명을 주는 근원입니다.
* 쉼과 안식: 예수 그리스도는 지친 자들에게 쉼과 안식을 제공합니다. 세상의 무거운 짐을 내려놓고, 예수 그리스도 안에서 참된 평안을 누릴 수 있습니다.
* 회복과 치유: 예수 그리스도는 상처 입은 자들을 회복시키고 치유합니다. 죄와 절망으로 가득한 삶을 변화시키고, 새로운 삶을 시작할 수 있도록 돕습니다.

3. 창의적인 적용:

* 개인적인 경험 나누기: 자신의 경험이나 주변 사람들의 이야기를 통해, 예수 그리스도를 만난 후 삶이 어떻게 변화되었는지 구체적으로 나눕니다.
* 예수 그리스도는 지금도 목마른 자들을 초청하고 계십니다.
* 예수 그리스도 안에서 영원한 만족, 쉼, 회복을 경험할 수 있습니다.
* 지금 바로 예수 그리스도께 나아가, 생명의 샘물을 마시고 참된 만족을 누리십시오.

요7:37. 명절 끝날 곧 큰날에 예수께서 서서 외쳐 가라사대 누구든지 목마르거든 내게로 와서 마시라 38. 나를 믿는 자는 성경에 이름과 같이 그 배에서 생수의 강이 흘러나리라 하시니

이책의 내용은 주의 성도들과 매일양식을 통하여 함께 기도하며 사귐을 통하여 교통의 열매를 모아서 만들어진 것입니다.
'솟아나는 샘'은 다양한 의미로 해석될 수 있습니다.

1. **물리적인 의미:**
    * 땅속에서 물이 솟아나는 자연 현상, 즉 샘을 의미합니다.
    * 지하수나 용천수가 지표면으로 솟아 나오는 것을 나타냅니다.

2. **비유적인 의미:**
    * 희망, 기쁨, 영감, 창의력 등이 끊임없이 샘솟는 것을 의미합니다.
    * 새로운 아이디어, 에너지, 활력 등이 넘쳐나는 상태를 비유적으로 표현할 때 사용됩니다.
    * 찬양 가사로 많이 사용되며 주로 하나님의 은혜를 표현 할 때 사용됩니다.

3. **관련된 찬양:**
    * "솟아올라라" 찬양은 많은 사람들에게 사랑받고 있으며, 희망과 기쁨을 주는 메시지를 담고 있습니다.
        (복음찬송)

솟아올라라 생명의 샘물 솟아올라라 넘쳐나라
솟아올라라 흘러넘쳐나라 모든 사람을 자유케 하라
솟아올라라 치료의 샘물 솟아올라라 넘쳐나라
솟아올라라 흘러넘쳐나라 모든 사람을 자유케 하라
솟아올라라 축복의 샘물 솟아올라라 넘쳐나라
솟아올라라 흘러넘쳐나라 모든 사람을 자유케 하라
솟아올라라 기쁨의 샘물 솟아올라라 넘쳐나라
솟아올라라 흘러넘쳐나라 모든 사람을 자유케 하라
솟아올라라 능력의 샘물 솟아올라라 넘쳐나라
솟아올라라 흘러넘쳐나라 모든 사람을 자유케 하라
솟아올라라 사랑의 샘물 솟아올라라 넘쳐나라
솟아올라라 흘러넘쳐나라 모든 사람을 자유케 하라
성도의 입술에는 찬양의 샘이 솟아올라

골 3:16-그리스도의 말씀이 너희 속에 풍성히 거하여 모든 지혜로 피차 가르치며 권면하고 시와 찬미와 신령한 노래를 부르며 마음에 감사함으로 하나님을 찬양하고
17. 또 무엇을 하든지 말에나 일에나 다 주 예수의 이름으로 하고 그를 힘입어 하나님 아버지께 감사하라.

강원도 평창에서

2025. 3. 10

지극히 작은 자보다 더 작은 자 백기호 목사

차 례

머리말 ········ 4

솟아나는샘 💧 - 구약 메시지

1. 복을 주시며」 창 1:27~28 ········ 13
2. 내 앞에서 행하여 완전하라」 창 17:1 ········ 20
3. 세계가 다 내게 속하였나니」 출 19:5~6 ········ 24
4. 세 번의 감사 은혜」 출 34:24 ········ 28
5. 너는 마음을 강하게 하라」 신 31:6 ········ 32
6. 이 산지를 내게 주소서」 수 14:12 ········ 35
7. 감사感謝」 대상 16:8 ········ 39
8. 내게 작정하신 것을 이루실 하나님!」 욥 23:12~14 ········ 43
9. 여호와께 맡기라」 시 37:5~6 ········ 48
10. 낙심과 불안 원인과 치유 방법」 시 42:5~6 ········ 51
11. 하나님을 기쁘시게 하라」 시 69:30~31 ········ 56
12. 흑암과 사망의 그늘」 시 107:10~12 ········ 60
13. 내 눈을 열어 주소서」 시 119:18 ········ 65
14. 오른편에 있는 자」 전 10:2 ········ 68
15. 작은 여우를 잡으라」 아 2:15 ········ 71
16. 임마누엘의 비밀」 사 7:14 ········ 75
17. 그대는 보배니라」 사 33:6 ········ 79
18. 성도는 하나님이 기뻐하시는 신부」 사 62:5 ········ 84
19. 소생함을 얻으리라」 겔 47:8~9 ········ 91

솟아나는샘 – 신약 메시지

1. 생각을 아시고」 마 9:4 ········ 97
2. 들음」 마 13:16 ········ 102
3. 예수님은 누구신가?」 마 16:15 ········ 105
4. 자기 십자가」 마 16:24 ········ 110
5. 안식 후 첫날」 막 16:9 ········ 115
6. 보기 전에는 죽지 아니하리라」 눅 2:25~27 ········ 119
7. 강권하여 내 집을 채우라」 눅 14:23 ········ 124
8. 믿음이 떨어지지 않기를」 눅 22:32 ········ 128
9. 눈을 들어 하늘을 우러러」 요 17:1~3 ········ 134
10. 나를 더 사랑하느냐」 요 21:15 ········ 138
11. 성령을 받았느냐」 행 19:2 ········ 145
12. 아바 아버지」 롬 8:15~16 ········ 148
13. 양심으로 하나님을 섬기라」 롬 9:1 ········ 153
14. 새로운 재창조의 피조물」 고후 5:17 ········ 159
15. 십자가」 갈 2:20 ········ 164
16. 예수의 흔적」 갈 6:17 ········ 168
17. 하나님의 비밀인 그리스도」 골 2:2~3 ········ 173
18. 공중에서 주를 뵈오리」 살전 4:16~17 ········ 178
19. 아무것도 가지고 가지 못하리니」 딤전 6:7 ········ 182
20. 말에 실수가 없는 자」 약 3:2 ········ 191
21. 믿음에 굳게 하여 대적하라」 벧전 5:8-9 ········ 195
22. 어두움의 세상」 요일 2:11 ········ 198
23. 두아디라 교회의 영적 상태」 계 2:19~23 ········ 202

백기호목사가전하는

솟아나는 샘

구약 메시지

복을 주시며

창 1:27~28,
27. 하나님이 자기 형상 곧 하나님의 형상대로 사람을 창조하시되 남자와 여자를 창조하시고
28. 하나님이 그들에게 복을 주시며 그들에게 이르시되 생육하고 번성하여 땅에 충만하라, 땅을 정복하라, 바다의 고기와 공중의 새와 땅에 움직이는 모든 생물을 다스리라 하시니라.

하나님께서 창조하실 때에 천지 만물은 말씀으로 창조하셨습니다.
그러나 인간을 지으실 때는 하나님의 형상과 모양을 따라
친히 흙을 빚어 만드시고 코에 생기를 넣어 사람을 만드셨습니다.
하나님께서 인간에게만이 마음과 생각과 말과
지혜와 지식과 총명과 명철과 이상과 몽조와 지. 정. 의와
양심이란 특별한 기능을 성령으로 불어 넣어서 걸작품으로
창조하시고 [보시기에 심히 좋았더라] 하셨습니다.

이렇게 걸작품으로 만드신 이유는 하나님께서,
우리와 함께 영원히 거룩한 교제를 이루기 위함이었고
우리로 인하여 세계를 정복하고 다스리고
생육하고 번성하여 세계에 충만하도록 하셨습니다.
그 마음과 생각과 말과 지. 정. 의와 이상과 양심은

하나님의 눈과 입과 귀와 마음이 되어
인간 각 개인의 삶의 모습을 통찰하시고 계시도다.

마음과 생각의 특성은, 창공에 떠 있는 해와 달과 별 곁에도
하루에 몇 번씩도 자유롭게 왕래할 수도 있고
영광스런 천국에도 마음과 생각으로 수시로 갔다 올 수 있는
빠른 속도와 풍성한 에너지를 갖고 있으며
전지전능하신 하나님과 기도를 통하여 거룩한 교제를 나누며
만물을 관찰할 수 있고 모든 것을 느낄 수 있고
사람의 마음속까지 허락 없이 드나들 수 있으며
상대편이 어떤 마음을 갖고 있는지도
대강은 알게 되고 무슨 생각을 하고 있는지도
대강은 알게 되어 사람과 사람 사이에 합력하여
아름다운 조화를 이루며 사랑과 이해와 배려와
화목함으로 하나 되어 행복하게 살 수 있게 하는
특권을 갖은 보배로운 하나님의 은혜의 선물이었습니다.

창세기 3장은 인간의 비극의 시작,
하나님과 인간의 아름다운 관계와 사람들이
하나님의 은혜 안에서 아름답고 평온하고 행복하게
염려와 걱정과 근심 없이 평안히 사는 모습을 보고
시기하고 질투한 어두움의 영(용. 뱀. 사탄. 마귀. 귀신들이)
인간의 마음과 생각과 말과 지정의 속에

생명과 삶에 파괴적인 [의심과 거짓말과 미움과
탐욕과 음란과 싸움과 살인]이란 악의 씨앗을 심었으므로
인간은 하나님의 말씀을 의심하게 되었고, 사람을 의심하고
갈등과 번민과 탐욕과 시기 질투와 모함과 분쟁과 거짓과
이기심과 분노로 살생을 일삼는 패역한 인생이 되게 하였고
하나님과의 거룩한 관계를 파괴하였고
인생의 고귀한 생명을 죽음의 늪에 빠지게 하였고
화평을 불화로 건강을 질병으로 사랑의 공동체를
미움과 싸움으로 파괴하여 오늘날과 같이 악하고
패역한 세상을 만들었도다.

육신의 생각은 사망이요, 영의 생각은 생명과 평안이라
육신의 생각은 하나님과 원수가 되게 하고
하나님을 대적하게 합니다.
가룟 유다의 마음속에 사탄이 예수님을 팔려는 생각을 넣어
배신자가 되게 하여 멸망의 형벌을 받게 되었습니다.
영의 생각은 하나님을 기쁘시게 하는 일을 행하게 한다.
베드로는 닭 울음소리에, 예수님의 세 번 부인하리라는
말씀이 생각이 나서 통회 기도를 드렸습니다.
모든 제자들은 주님의 십자가의 복음을 위해 생명을 바쳐
헌신하는 삶을 살았습니다.

다시 찾은 새 생명의 마음과 생각과 꿈,

패역하고 부패한 인간의 마음과 생각과 언어를
하나님께서 인간을 창조하실 때의 아름다운 마음과
생각과 지정의와 언어로 다시 회복하게 하셨으니
곧 하나님의 독생자 예수님의 십자가의 희생의 사랑으로
그 흘리신 거룩한 보혈로 우리의 죄와 허물을
온전히 사하시어 우리를 성결하게 하심으로
우리의 마음과 생각과 언어를 깨끗하게 하시어
성령으로 새 사람으로 거듭나게 하셨고
거룩하게 새롭게 변화시켜 주셨습니다.

이 마음과 생각과 언어를 잘 간수하자.

엡 4:21-진리가 예수 안에 있는 것 같이 너희가 과연 그에게서 듣고 또한 그 안에서 가르침을 받았을진대
22. 너희는 유혹의 욕심을 따라 썩어져 가는 구습을 좇는 옛 사람을 벗어 버리고
23. 오직 심령으로 새롭게 되어
24. 하나님을 따라 의와 진리의 거룩함으로 지으심을 받은 새 사람을 입으라.

이제 우리는 빛의 자녀로서 살자.

엡 5:8-너희가 전에는 어두움이더니, 이제는 주 안에서 빛이라 빛의 자녀들처럼 행하라
9. 빛의 열매는 모든 착함과 의로움과 진실함에 있느니라

우리의 마음과 생각을 지키시는 하나님!

빌 4:6-아무것도 염려하지 말고 오직 모든 일에 기도와 간구로 너희 구할 것을 감사함으로 하나님께 아뢰라
7. 그리하면 모든 지각에 뛰어난 하나님의 평강이 그리스도 예수 안에서 너희 마음과 생각을 지키시리라.

성도(나)의 삶에 대한 목적.

갈 2:20, 내가 그리스도와 함께 십자가에 못 박혔나니 그런즉 이제는 내가 산 것이 아니요 오직 내 안에 그리스도께서 사신 것이라 이제 내가 육체 가운데 사는 것은 나를 사랑하사 나를 위하여 자기 몸을 버리신 하나님의 아들을 믿는 믿음 안에서 사는 것이라.

항상 성령의 능력으로, 마음과 생각을 지키며 살자.

잠 4:23, 무릇 지킬만한 것보다, 더욱 네 마음을 지키라 생명의 근원이 이에서 남이니라.

육신의 생각과 영의 생각의 결과

롬 8:6-육신의 생각은 사망이요 영의 생각은 생명과 평안이니라
7. 육신의 생각은 하나님과 원수가 되나니, 이는 하나님의 법에 굴복하지 아니할 뿐 아니라 할 수도 없음이라.

미국 20대 대통령 제임스 A 가필드의 이야기.
친한 친구와 함께 불량자의 삶을 살았습니다.
어느 날, 길을 가는데 교회에서 부흥회를 하고 있었습니다.
가필드는 말하기를, "나는 교회에 가서 부흥회에 가보련다."

친구는 그를 조롱하고 자기 길을 갔습니다.
25년 후에 친구가 감옥에서 신문을 보았는데
친구 가필드가 미국 20대 대통령이 되었고,
자기는 살인자가 되어 사형수가 되었음을 알게 되었습니다.
한 순간의 생각의 차이가 엄청난 결과를 갖게 됩니다.

다윗이 전쟁에서 돌아와 한가한 시간에 옥상에 올라갔을 때
사탄 마귀가 그의 눈을 유혹하여 마음속에 음욕을 품게 하였고
우리아의 아내 밧세바를 범하게 하였습니다.
그는 나단 선지의 책망을 받고서
눈물로 침상을 띠우리만큼 자기 죄를 통회 자백을 하며
시편 51편을 지었습니다.
오, 주여! 내 안에 정한 마음을 창조하시고
내 속에 정직한 영을 새롭게 하시며
나를 주의 전에서 쫓아 내지 마옵시고
내게 성령을 충만하게 부어 주시어
구원의 즐거움을 회복시켜 주옵소서..

너, 하나님의 사람들이여, 우리의 삶 속에서
아무것도 염려하지 말고, 두려워하지도 말고
하나님이 주신 참 평안을 누리며 살자.(요 14:27)

십자가의 사랑으로 이 악한 세상을 이기신 예수님을 생각하며

속히 다시 오실 예수님을 사모하며
기다리며 준비하며 날마다 때마다 일마다
순간순간마다 영광스런 주님이 계신 보좌를 바라보며
선한 싸움 잘 싸워 승리하고 달려갈 길을 잘 달리고
끝까지 믿음을 지켜 승리자로 영광의 나라에서
기쁨과 감격 속에 함께 만나자.

부름을 받는 순간까지 정한 마음과 맑은 영을
갖고 살기를 위해 기도합시다.
우리의 새해 새날이 우리의 생애에 가장
영광스런 날이 되기를 기도합시다.

내 앞에서 행하여 완전하라

창 17:1,
아브람이 구십구 세 때에 여호와께서 아브람에게 나타나서 그에게 이르시되
나는 전능한 하나님이라 너는 내 앞에서 행하여 완전하라.

**살아가면서 다양한 두려움들이
우리의 삶 가운데 있습니다.**

창세기 16장, 17장 두 장의 사이에는
13년간의 세월이 존재합니다.
아브라함은 하갈을 통해 이스마엘을 낳고
13년간 하나님이 침묵을 하셨습니다.
가장 두려운 건 하나님이 우리의 삶에 침묵하실 때이십니다.

아브라함이 이스마엘을 얻고 기뻤을 것입니다.
그러나 반면 13년 동안 믿음의 조상으로 택한 아브라함에게
언약이 이루어지지 않고 있었습니다.
그가 99세 때에 이르렀을 때,
하나님께서 13년간의 침묵을 깨고 말씀하셨습니다.

창 17:1, 나는 전능한 하나님이라 너는 내 앞에서 행하여 완전하라.

'전능하신 하나님'은 히브리어로 '엘샤다이' 입니다.
엘샤다이는 '불가능이 없는 하나님'이라고 하는 뜻입니다.

아브라함이 99세 때에 정말 나이가 들어
아이를 낳을 수 없는 몸이 되었습니다.
이때 하나님께서 13년간의 침묵을 깨고
"나는 불가능이 없는 하나님"이라고 말씀하셨습니다.
모든 것이 끊어져 버린 아브라함에게 다시 한 번 자녀의 약속을 주시는데 그 약속은 반드시 이루어진다는 사실을 믿기를 원합니다.

'불가능이 없으신 하나님', '전능하신 하나님'
- 99세의 아브라함에게 너는 자녀를 갖게 될 것이다.
- 이 약속은 이루어 질 것이다.

우리는 믿지 말아야 할 3가지를 경계해야 합니다.

첫째. 자신을 믿지 말라.
우리는 아무리 하겠다고 잘 할 수 있을 것 같다고 주님 앞에 결심해도
그 약속을 지켜낼 수가 없습니다.
우리가, "아멘. 할 수 있어요!" 라고 답하지만
우리는 다 지켜 내지를 못합니다.
하지만 우리 전능하신 하나님께서는 하십니다.

내 자신을 믿지 말고
전능하신 하나님을 믿는 우리가 되기를 축복합니다.

둘째. 사람을 의지하지 말라
하나님만 믿고 싶은데
당장 어려운 일이 있고, 힘든 일이 있으면
하나님 앞에 나아가서 기도하러 나가는 것이 아니라
친한 사람을 찾아가서 이야기 합니다.
그러면 마음이 후련해지죠.
그러나 문제는 해결되어 지지 않습니다.

시 146:3-방백들을 의지하지 말며 도울 힘이 없는 인생도 의지하지 말지니
4. 그 호흡이 끊어지면 흙으로 돌아가서 당일에 그 도모가 소멸하리로다.

오히려 내가 말했었던 것들이 다른 사람들에게 전해지고 소문이 나서
오히려 상처를 받기도 하고 배신을 당하기도 합니다.
왜냐하면 사람의 관계란 내가 그 사람하고 좋을 때는 좋지만
그 사람과의 관계가 틀어지면 그 사람을 통해서
내 연약함들이 소문이 나기 때문에 그렇습니다.
사람의 관계란 한결같지 않습니다.
그렇기 때문에 사람을 의지해서는 안 됩니다.
이것을 꼭 기억하기를 원합니다.

셋째. 물질을 의지하지 말라.

우리는 또 어리석게도 돈을 의지합니다.
정말 돈만 있으면 잘 살 수 있습니까?
내 안에 돈이 많고 부자로 살면 다 행복한 것입니까?
가난해서 가진 게 없는 사람은 행복하지 못한 것입니까?
예수님을 믿으면 부자가 될 수 있습니다.
그러나 예수님을 믿어도
물질적으로 가난할 수 있습니다.
중요한 것은 주 예수님을 모시는 곳이
천국이라는 사실을 믿기를 바라겠습니다.

이것이 진정한 신앙입니다.
'사람이 무엇을 가졌기 때문에 행복한 것이 아니라
무엇을 믿는가.'가 행복을 결정합니다.
돈이 많이 있건 적게 있건
오직 믿음만이 나의 지혜요. 실력이요. 능력입니다.
나를 먹이시고 나를 채우시고 내게 말씀하시는
주님이 있기에 행복감을 느끼고 감사하는
오늘 이 하루가 되시기를 축복합니다.

세계가 다 내게 속하였나니

출 19:5~6.
5. 세계가 다 내게 속하였나니 너희가 내 말을 잘 듣고 내 언약을 지키면 너희는 열국 중에서 내 소유가 되겠고
6. 너희가 내게 대하여 제사장 나라가 되며 거룩한 백성이 되리라 너는 이 말을 이스라엘 자손에게 고할지니라.

대한민국은 자유민주주의를 토대로 세워진 나라입니다.
자유민주주의를 지키기 위해서 수많은 고귀한 피를 흘려 세웠고
지키고 발전시켜, 오늘에 이른 번영의 나라
그러나 이 아름다운 나라, 자유로운 나라, 번영의 나라를
시기 질투하여 파괴하려는 악의 무리들이
두루 다니며 삼킬 자를 찾는 공산주의. 사회주의자들이 판을 치고
활보하고 큰소리를 지르고 있지만
자유를 지키기 위해 광화문의 아스팔트 위에서
밤낮으로 부르짖는 탄식의 소리를 들으시는
하나님의 의로운 심판이 속히 임하시기를 기도합니다.

하나님은 인간의 힘으로는 도저히 살 수 없는
척박한 광야에서 이스라엘 백성이 생명을 지키며
살아가도록 철저하게 보호하셨습니다.

그들은 전적인 하나님의 은혜 가운데
인도하심을 받았습니다.
그렇게 구원하신 하나님은
이스라엘 백성에게 약속의 말씀도 주셨습니다.

하나님의 소유

즉 하나님이 모든 민족 중에서 선택하신
하나님의 것이 되게 하겠다고 말씀하셨습니다.
진정 하나님께서 책임지는 민족으로
삼으시겠다는 의미입니다.
또한 제사장 나라가 되게 하겠다고 말씀하셨습니다.

구별된 백성

그래서 하나님께서 만나 주시는 백성으로 삼으시겠다는 것입니다.
사실, 이스라엘 백성은 애굽에서 종살이를 하는 동안에
우상을 섬기면서 정체성을 잃어버린 노예로 전락했습니다.
그런 그들을 구해내신 하나님은
이제, 광야에서 그들의 정체성을 회복시키겠다고 선언하십니다.
하나님과 언약을 맺은 백성으로
존재 자체를 바꾸겠다는 말씀입니다.
노예근성을 없애고

새롭게 태어나게 하겠다는 것입니다.

대상16:30-온 땅이여 그 앞에서 떨지어다 세계가 굳게 서고 흔들리지 못하는도다 31. 하늘은 기뻐하고 땅은 즐거워하며 열방 중에서는 이르기를 여호와께서 통치하신다 할지로다

악인과 선인이 함께 살아가도록 섭리하시는 하나님

잠 16:4-여호와께서 온갖 것을 그 쓰임에 적당하게 지으셨나니 악인도 악한 날에 적당하게 하셨느니라
5. 무릇 마음이 교만한 자를 여호와께서 미워하시나니 피차 손을 잡을지라도 벌을 면치 못하리라.

그들의 미래를 재창조하겠다는 약속인 것입니다. 이런 말씀이야말로 고달프고 힘든 광야 생활을 하는 이스라엘 백성에게 큰 희망이 되었을 것입니다.
미래에 대한 참된 소망이 되었을 것입니다.
그런데 여기엔 한 가지 조건이 있습니다.

하나님의 말씀을 듣고 언약을 지키면(출19:5)

언약의 말씀을 지키면 복을 주시겠다는 것입니다.
이제 그들의 결단만이 남았습니다.
하나님은 말씀을 듣고 실행하기를 원하십니다.
주님의 축복은 그 대가로 주어집니다.

하지만 잊지 말아야 할 것이 있습니다. 이것마저도 하나님의 전적인
은혜의 결과라는 사실입니다.
작은 여우를 잡으라.
이스라엘 백성의 원수인 하만을 위한 장대를 들라.
썩은 이와 쓴뿌리를 뽑아야 합니다.

그러므로 우리는 매 순간 순종의 결단으로 이끄는
하나님의 은혜를 구해야 합니다.
은혜 안에서 듣고 지키는 자가
약속하신 복의 주인공이 됩니다.
복되고 기쁜 날에 우리는, 하나님의 언약의 말씀을
듣고 지키는 자가 되기를 간절히 축복합니다.

하나님! 하나님의 말씀을 듣고 언약을 실천하기로 결단하는
우리를 귀히 여기고 사랑해 주실 줄로 믿습니다.
하나님의 소유, 제사장 나라, 거룩한 백성이 되게 하옵소서.
듣고 지키는 자에게 복 주시는 주님의 은혜를
기억하고, 회개의 운동으로 새 역사가 일어나기를
예수 그리스도의 이름으로 기도합니다.

세 번의 감사 은혜

출 34:24,
내가 옐방을 네 앞에서 쫓아내고 네 지경을 넓히리니 네가 매년 세 번씩 여호와 너희 하나님께 보이러 올 때에 아무 사람도 네 땅을 탐내어 엿보지 못하리라.

하나님께서는 이스라엘 백성과 언약을 세우시며
모세에게 세 가지 축복의 조건을 말씀하셨습니다.

첫째, 쉼'입니다.

출 34:21, 너는 엿새 동안 일하고 제 칠 일에는 쉴지니 밭 갈 때에나 거둘 때에도 쉴지며.

하나님은 우리에게 쉼을 가져야 복을 받는다고 하십니다.
이는 나 자신의 수고와 힘과 능력으로
잘 살게 되었다고 말하지 말라는 것입니다.
하나님을 의지하고 하나님의 손에 맡기라는 것입니다.

마 11:28-수고하고 무거운 짐 진 자들아 다 내게로 오라 내가 너희를 쉬게 하리라
29. 나는 마음이 온유하고 겸손하니 나의 멍에를 메고 내게 배우라 그러면 너희 마음이 쉼을 얻으리니
30. 이는 내 멍에는 쉽고 내 짐은 가벼움이라 하시니라.

둘째, 대적을 물리치고 쫓아내는 축복.

우리의 대적들이 우리를 삼키려고 한길로 왔다가
일곱 길로 떠나가는 역사를 보게 하십니다.
이는 힘으로 능으로 되는 것이 아니라
언약의 관계로 되는 신비한 역사입니다.
하나님의 백성은 하나님을 기쁘시게 하려고
하나님의 앞으로 나아갑니다.
곧 '절기'입니다. 일 년에 세 번은
하나님 앞에 나오라고 하십니다(출34:23).
그 세 번은 무교절, 맥추절, 수장절입니다.
하나님은 명령대로 절기를 지키면 대적을 물리치고,
한계를 넘어서게 하고,
보호해 주시겠다는 세 가지 축복의 약속하셨습니다(출 34:24).
오늘날 우리에게는 부활의 날, 주님의 날,
주일성수에 성공하는 일입니다.

셋째, 지경을 넓히리니 네가 매년 세 번씩

여호와 보시기에 정직하게 되면 그러하리라.
기독교는 감사의 종교입니다.
십자가 없는 기독교를 생각할 수 없듯이,
감사 없는 기독교도 생각할 수 없습니다.

감사는 기독교의 덕목이 아니라 본질입니다.

살전 5:18, 범사의 감사하라. 이것이 그리스도 예수 안에서 너희를 향하신 하나님의 뜻이니라.

감사는 해도 되고 안 해도 되는 것이 아니라
하나님의 명령입니다.
복되고 기쁜 날에,
하나님이 내게 베푸신 은혜를 감사드리며
인생의 모든 것은 오직 여호와께로만 말미암는다는 사실을
다시 한 번 고백하며 하나님을 향한 신앙을
재무장할 수 있기를 간절히 소망합니다.

신 19:8-네 하나님 여호와께서 네 열조에게 맹세하신 대로 네 지경을 넓혀 네 열조에게 주리라고 말씀하신 땅을 다 네게 주실 때
9. 또 네가 나의 오늘날 네게 명하는 이 모든 명령을 지켜 행하여 네 하나님 여호와를 사랑하고 항상 그 길로 행할 때에는 이 셋 외에 세 성읍을 더하여.

나의 가는 길을 인도하시는 하나님!
우리에게 베푸신 헤아릴 수 없는 은혜에 감사합니다. 은혜 받은 자답게 이웃에게 더 많은 관심을 갖고 배려할 수 있는 넉넉함을 허락해 주옵소서. 못 가진 것 때문에 불평하기보다 가진 것에 감사하는 마음을 주옵소서.

골 2:7, 그 안에 뿌리를 박으며 세움을 입어 교훈을 받은 대로 믿음에 굳게 서서

감사함을 넘치게 하라.

골 4:2, 기도를 항상 힘쓰고 기도에 감사함으로 깨어 있으라.

가정과 교회와 나라에 감사할 일들이 충성하며
오늘 이 하루도 감사로 시작하고 감사로 승리하고
감사로 주님께 찬송을 드립니다.

너는 마음을 강하게 하라

신 31:6,
너는 마음을 강하게 하고 담대히 하라 그들을 두려워 말라 그들 앞에서 떨지 말라 이는 네 하나님 여호와 그가 너와 함께 행하실 것임이라 반드시 너를 떠나지 아니하시며 버리지 아니하시리라 하고.

모든 지킬 만한 것 중에 더욱 네 마음을 지키라
생명의 근원이 이에서 남이니라.(잠 4:23)
살면서 우리는 고난을 만납니다.
보통 그런 세상 일들이 우리를 힘들게 할 때마다
우리의 관심은 온통 거기에 쏠립니다.
관심을 갖는 것이 잘못이 아닙니다.

수 1:7, 오직 너는 마음을 강하게 하고 극히 담대히 하여 나의 종 모세가 네게 명한 율법을 다 지켜 행하고 좌로나 우로나 치우치지 말라 그리하면 어디로 가든지 형통하리니.

세상이 주는 문제에 정신이 팔려
영적인 중요한 것을 놓치는 것이 문제입니다.
사탄은 우리의 관심을 돌려 마음을 뺏고자 합니다.
왜냐하면 생명의 근원이 우리의 마음에서

나오기 때문(잠 4:23)입니다.
사실, 우리의 치열한 영적 전쟁터는 마음입니다.
영적 전쟁이 마음속에서 어떻게 일어나는지
잘 알려주는 표현이 있습니다.

요 13:2, 마귀가 벌써 시몬의 아들 가룟 유다의 마음에 예수를 팔려는 생각을 넣었더라.

예수님도 이렇게 말씀하셨습니다.
눅 6:45, 선한 사람은 마음에 쌓은 선에서 선을 내고 악한 자는 그 쌓은 악에서 악을 내나니

선함도 마음에서 비롯되고, 악함도 마음에서 나옵니다.
그래서 사탄은 수단과 방법을 가리지 않고
우리의 마음을 사로잡으려고 합니다.
마음만 사로잡으면, 그 사람의 말과 행동뿐만 아니라
모든 삶을 조정합니다. 그래서 오늘 잠언은,
"모든 지킬 만한 것 중에 더욱 네 마음을 지키라."(잠 4:23)고 권면합니다.

왕상 9:4, 네가 만일 네 아비 다윗의 행함 같이 마음을 온전히 하고 바르게 하여 내 앞에서 행하며 내가 네게 명한대로 온갖 것을 순종하여 나의 법도와 율례를 지키면.

그런데 어떻게 마음을 지킬 수 있습니까?
이것은 관심의 문제입니다.

관심이 다른 데 있으면 분명히 마음을 빼앗깁니다.

잠 4:20-내가 말하는 것에 네 귀를 기울이라
21. 그것을 네 눈에서 떠나게 하지 말며 네 마음속에 지키라.

마음을 지키기 위해서 하나님의 말씀에
귀를 기울일 수 있기를 간절히 소망합니다.

사랑의 하나님! 많은 고난과 문제와 어려움, 그리고 유혹이
우리의 마음을 연약하게 만들고 있습니다.
그럴 때마다 하나님이 주시는 말씀에 귀를 기울이고,
그것을 눈에서 떠나지 않도록 세우시고 인도하옵소서.

시 51:10, 하나님이여 내 속에 정한 마음을 창조하시고 내 안에 정직한 영을 새롭게 하소서.

롬 2:5, 다만 네 고집과 회개치 아니한 마음을 따라 진노의 날 곧 하나님의 의로우신 판단이 나타나는 그 날에 임할 진노를 네게 쌓는도다.

그리하여 무엇보다 더욱 마음을 지키는 자가 되게 하옵소서.
마음을 강하게 하고 담대히 하여
나의 모든 삶이 하나님의 은혜로
성령님과 말씀을 따라 승리하게 되기를
예수 그리스도의 이름으로 기도합니다.

이 산지를 내게 주소서

수 14:12,
그 날에 여호와께서 말씀하신 이 산지를 내게 주소서 당신도 그 날에 들으셨거니와 그 곳에는 아낙 사람이 있고 그 성읍들은 크고 견고할지라도 여호와께서 혹시 나와 함께 하시면 내가 필경 여호와의 말씀하신대로 그들을 쫓아내리이다.

갈렙 [케레브(히브리어)]은 개라는 뜻이고, 당시에, 고대 근동 언어에서는 신에게 "충성된 자" 라는 뜻으로 '개'라는 이름이 종종 사용되었다. 페니키아의 기록에도 신들의 개라는 이름들이 있었고, 아카드어에도 마르둑 신의 개라는 이름들이 적힌 기록이 있다.
학자들은 대체로 '개'라는 뜻을 가진 케레브의 축약어로 "kalb" 즉 갈렙이라는 이름을 사용한 것으로 보고 있다. 그 이름 '개'가 상징의 뜻은 '하나님 앞에서 충성된 자' 라는 뜻을 의미한다. 실제 그의 삶은 이름에 걸맞게 모세와 여호수아 옆에서 충성 되게 섬겼다.
유다 지파에서 선출되었으며, 민 32:12과 수 14:6에서는 그나스 사람으로 설명하고 있다. 성경에 의하면 그나스 족속 중 일부 사람들이 유다 지파에 합류되었다고 추정할 수 있다. 갈렙의 아버지는 순수 히브리 혈통이 아니고 에돔 족속의 후예로 보고 있다.
갈렙은 여호수아와 함께 가나안 땅을 탐지하기 위해 갔던 12정탐꾼 중에 한 사람이었으며, 가나안 정복에 대한 믿음을 갖고 있었던 사람이다.(민 14:24, 신 1:36) 훗날 유다 지파를 이끌고 가나안 땅 정복에 큰 공을 세웠으며 헤브론 땅을 차지했다.(수 14장, 15장)
그가 가나안 땅을 정복할 때 나이는 85세였다.(수 14:7,10) 갈렙의 아버지는 '여분네'인데 이는 '향하다'란 뜻이 있는 '파나(히브리에)'에서 유래하여 '향하여 난 길'이란 의미를 지닌다.(민 13:6)

하나님의 신뢰를 받으며 충성한 갈렙은 오직 약속을 붙잡고
45년이라는 세월을 기다렸습니다.
하나님께서 그에게 주신 말씀은 언뜻 막연해 보입니다.
하지만 그는 약속을 분명하게 붙잡았습니다.
85세의 나이에도 불구하고.
'여호와께서 나와 함께 하시면 내가 여호와께서 말씀하신 대로 그들을 쫓아내리이다.'
라는 믿음의 고백을 했습니다.

길고 험난한 세월을 보내면서도 그의 믿음은 견고했습니다.
그는 믿음과 함께 건강을 유지했습니다.
다른 관점으로 표현하면 갈렙은,
하나님을 향한 믿음과 함께 그 믿음을
이룰 만한 실력을 갖추고 있었습니다.
45년 동안 하나님의 약속을 붙잡고 노력하며
실력을 길렀습니다.
실력은 내게 주어진 삶의 자리에서 하나님의 은혜를 붙잡고,

최선을 다할 때 얻을 수 있습니다.

갈렙은 하나님께서 주신 믿음을 굳게 잡고, 하루하루
최선을 다해 살아 결국 실력까지 겸비하였습니다.
하나님께서는 모세의 손에 있는 지팡이를 사용해서 이스라엘 백성을
구원하셨습니다. 다윗의 물맷돌을 사용해서 골리앗을
이기게 하셨습니다. 무엇보다 우선시 해야 할 것은
하나님을 향한 우리의 '믿음'이지만, 믿음을 핑계로
주어진 시간을 허비하면 어떤 실력도 갖출 수 없습니다.

지금도 우리에게 주어진 시간은 흘러갑니다.
어떤 이들은 이 시간을 열심히 충성 되게 살아서
실력을 쌓아가지만 어떤 이들은 허비하며
낭비하고 있습니다. 복되고 기쁜 날 여호와께서
나와 함께 계심을 믿는 굳은 믿음을 갖기 바랍니다.
또한 시간이 흘러도 여전히
하나님의 은혜로 경건해서 영적 싸움을 감당할
실력을 소유할 수 있기를 간절히 소망합니다.

사랑의 하나님! 매 순간 나와 동행하시는
임마누엘의 주님을 사랑합니다.
내게 은혜와 복을 허락하시니
그에 합당한 삶을 살 수 있기를 원합니다.

하나님 앞에서는 출신을 보지 않으시고
갈렙은 에돔 족속의 후예지만
모세의 지도력에 개와 같이 충성 되고 인정받아
거룩한 후손이 되고 기업을 받았습니다.

마 15:27-여자가 가로되 주여 옳소이다마는 개들도 제 주인의 상에서 떨어지는 부스러기를 먹나이다 하니
28. 이에 예수께서 대답하여 가라사대 여자야 네 믿음이 크도다 네 소원대로 되리라 하시니 그 시로부터 그의 딸이 나으니라.

이방 출신의 여인도 믿음을 보시고 구원하여 주셨습니다.
오늘을 살아가면서 오직 믿음으로 승리하며 충성하며
성령의 열매를 맺는 삶을 통해서
기업을 받는 성도 되시기를 기도합니다.

연약하고 부족한 우리를 붙잡아 주셔서
주어진 하루하루 최선을 다해 살아갈 수 있도록
인도하여 주시옵소서.
예수 그리스도의 이름으로 축복합니다.

감사 感謝

대상' 16:8,
너희는 여호와께 감사하며 그 이름을 불러 아뢰며 그 행사를 만민 중에 알게 할지어다.

시편 136편은 1절부터 마지막 절까지 26번 계속적 감사,
하루에, 일천 번씩 감사하면 모든 죄, 병에서 자유를 얻게 됩니다.(한번 임상 실험해보세요.)

캐나다의 한 학자가 실험을 하려고 '일주일간 평화롭게 놀고 있는 쥐가 있는 곳에 매일 아침 고양이를 지나가게 했습니다.'
며칠 뒤에 쥐의 위장을 열어보니 위장에는 피멍이 들어있었고
심장은 거의 다 망가진 것을 알 수 있었습니다.
다만 지나가기만 했을 뿐인데 쥐들이 스트레스를 받아
이기지 못하고 죽어갔습니다.
우리의 몸도 스트레스를 받으면 건강을 해치게 됩니다.
현대인들은 스트레스를 벗어나 살 수 있는 사람은 없습니다.

흥미로운 실험 중 하나는,
화를 잘 내는 사람의 입김을 고무풍선에 담아

이를 냉각시켜 액체로 만들어서
이 액체를 주사기로 뽑아 쥐에게 주사 했더니
쥐가 3분 동안 발작하다가 죽었다고 합니다.

정신의학에서는 '스트레스의 大家' 하면 한스셀리(Hansseyle, 내분비학자)라는 분을 듭니다.
이 분은 1958년 스트레스 연구로 노벨의학상을 받았습니다.
캐나다 분인데 고별 강연을 하버드 대학에서 했습니다.
하버드대학교 강당에는 백발의 노교수들이 빽빽이 들어섰습니다.
강연이 끝나자 기립 박수도 받았습니다.
강연이 끝나고 내려가는데 한 학생이 길을 막습니다.

"선생님, 우리가 스트레스 홍수시대를 살고 있는데 스트레스를 해소할 수 있는 비결을 딱 한 가지만 이야기해 주십시오."
그러자 이분은 딱 한 마디를 대답했습니다.
"Appreciation! 감사(感謝)! 감사하며 살라."
그 말 한마디에 장내는 물을 끼얹은 듯 조용해졌습니다.
감사만큼 강력한 스트레스 정화제가 없고
감사만큼 강력한 치유제도 없습니다.

종교인이 장수하는 이유 중에 하나는 그들이 범사에 감사하기 때문이랍니다. 작은 일이나 하찮은 일에도 감사드리는 이 자세가 종교인이 장수하는 비결로 의학에서는 증명하고 있습니다.

감사하는 마음속에는 미움 시기 질투가 없습니다.
참으로 편안하고 마음이 그저 평온하면서
또 우리가 뇌과학적으로 말하면 이러는 순간
세로토닌이 펑펑 쏟아진다고 합니다.

살전 5:18, 범사에 감사하라 이는 그리스도 예수 안에서 너희를 향하신 하나님의 뜻이니라.

그래서 감사

그러니까 감사

그럼에도 감사

그것까지 감사

그런고로 감사

범사에도 감사 …

감사하는 마음은 기적을 만드는 습관입니다.

대상 25:3, 여두둔에게 이르러는 그 아들 그달리야와 스리와 여사야와 하사뱌와 맛디디야 여섯 사람이니 그 아비 여두둔의 수하에 속하여 수금을 잡아 신령한 노래를 하며 여호와께 감사하며 찬양하며.

에 3:11, 서로 찬송가를 화답하며 여호와께 감사하여 가로되 주는 지선하시므로 그 인자하심이 이스라엘에게 영원하시도다 하니 모든 백성이 여호와의 전 지대가 놓임을 보고 여호와를 찬송하며 큰 소리로 즐거이 부르며.

시 30:4, 주의 성도들아 여호와를 찬송하며 그 거룩한 이름에 감사할지어다.

시 50:23, 감사로 제사를 드리는 자가 나를 영화롭게 하나니 그 행위를 옳게 하는 자에게 내가 하나님의 구원을 보이리라.

빌 4:6, 아무것도 염려하지 말고 오직 모든 일에 기도와 간구로, 너희 구할 것을 감사함으로 하나님께 아뢰라."

골 3:15-그리스도의 평강이 너희 마음을 주장하게 하라 평강을 위하여 너희가 한 몸으로 부르심을 받았나니 또한 너희는 감사하는 자가 되라
16. 그리스도의 말씀이 너희 속에 풍성히 거하여 모든 지혜로 피차 가르치며 권면하고 시와 찬미와 신령한 노래를 부르며 마음에 감사함으로 하나님을 찬양하고
17. 또 무엇을 하든지 말에나일에나 다 주 예수의 이름으로 하고 그를 힘입어 하나님 아버지께 감사하라.

내게 작정하신 것을 이루실 하나님!

욥 23:12~14,
12. 내가 그의 입술의 명령을 어기지 아니하고 일정한 음식보다 그 입의 말씀을 귀히 여겼구나
13. 그는 뜻이 일정하시니 누가 능히 돌이킬까 그 마음에 하고자 하시는 것이면 그것을 행하시나니
14. 그런즉 내게 작정하신 것을 이루실 것이라 이런 일이 그에게 많이 있느니라.

하나님께서 나를 사랑하심은?
내 발이 주의 길을 바로 따랐음이요
내가 주의 길을 지켜 좌로나 우로 치우치지 아니하였음이요
내가 주의 말씀을 어기지 아니하고 말씀을 귀히 여기고
사모하였음이라.
그러므로 내게 작정하신 것을 이루실 것이라
하나님은 뜻이 일정하니 하나님의 뜻을
돌이킬 자가 없도다.

오늘 이 하루도 욥의 고백이(나의 고백이 되기를.)

욥 23:10-나의 가는 길을 오직 그가 아시나니 그가 나를 단련하신 후에는 내가 정금 같이 되어 나아오리라
11. 내 발이 그의 걸음을 바로 따랐으며 내가 그의 길을 지켜 치우치지 아니하

였고
12. 내가 그의 입술의 명령을 어기지 아니하고 일정한 음식보다 그의 입의 말씀을 귀히 여겼구나
13. 그는 뜻이 일정하시니 누가 능히 돌이킬까 그 마음에 하고자 하시는 것이면 그것을 행하시나니
14. 그런즉 [내게 작정하신 것을 이루실 것이라]
이런 일이 그에게 많이 있느니라.

하늘에서 이룬 것 같이 땅에서도 이루시는 하나님

마 6:9-하늘에 계신 우리 아버지여 이름이 거룩히 여김을 받으시오며 나라에 임하옵시며
10. 뜻이 하늘에서 이루어진 것 같이 땅에서도 이루어지이다.

일이 이루기 전에 미리 예고하신 하나님

요 14:29, 이제 일이 이루기 전에 너희에게 말한 것은 일이 이룰 때에 너희로 믿게 하려 함이라.

착한 일을(하나님을 알고 믿고 전하는 일) 시작하신 하나님께서
예수님의 재림 날까지 반드시 이루실 것이라.

빌 1:6, 너희 속에 착한 일을 시작하신 이가 그리스도 예수의 날까지 이루실 줄을 우리가 확신하노라.

너는 범사에 모든 일을 하나님께서 하셨음을 인정하라.

잠 3:1-내 아들아 나의 법을 잊어버리지 말고 네 마음으로 나의 명령을 지키라

2. 그리하면 그것이 너로 장수하여 많은 해를 누리게 하며 평강을 더하게 하리라
3. 인자와 진리로 네게서 떠나지 않게 하고 그것을 네 목에 매며 마음판에 새기라
4. 그리하면 네가 하나님과 사람 앞에서 은총과 귀중히 여김을 받으리라
5. 너는 마음을 다하여 여호와를 의뢰하고 네 명철을 의지하지 말라
6. 너는 범사에 그를 인정하라 그리하면 네 길을 지도하시리라
7. 스스로 지혜롭게 여기지 말지어다 여호와를 경외하며 악을 떠날지어다
8. 이것이 네 몸의 양약이 되어 네 골수로 윤택하게 하리라
9. 네 재물과 네 소산물의 처음 익은 열매로 여호와를 공경하라
10. 그리하면 네 창고가 가득히 차고 네 즙틀에 새 포도즙이 넘치리라

나의 의지할 이는 오직 여호와 하나님이시라.

잠 3:26-대저 여호와는 너의 의지할 자이시라 네 발을 지켜 걸리지 않게 하시리라.

시 18:1, 나의 힘이 되신 여호와여 내가 주를 사랑하나이다.

주의 말씀을 듣는 자는 두려움이 없고 평안하리라.

잠 1:33-오직 나를 듣는 자는 안연히 살며 재앙의 두려움이 없이 평안하리라"

기도하는 자에게 놀랍게 응답하신 하나님

대상 4:10, 야베스가 이스라엘 하나님께 아뢰어 가로되 원컨대 주께서 내게 복에 복을 더하사 나의 지경을 넓히시고 주의 손으로 나를 도우사 나로 환난을 벗어나 근심이 없게 하소서 하였더니 하나님이 그 구하는 것을 허락하셨더라.

기도하는 자에게 약속하신 주

요 14:14, 내 이름으로 무엇이든지 내게 구하면 내가 시행하리라.

두려움과 놀람이 없는 삶을 주실 것을 믿으라.

사 41:10, 두려워 말라 내가 너와 함께 함이니라 놀라지 말라 나는 네 하나님이 됨이니라 내가 너를 굳세게 하리라 참으로 너를 도와주리라 참으로 나의 의로운 오른손으로 너를 붙들리라.

세상이 줄 수 없는 참된 평안을 주신 주님

요 14:27, 평안을 너희에게 끼치노니 곧 나의 평안을 너희에게 주노라 내가 너희에게 주는 것은 세상이 주는 것과 같지 아니하니라 너희는 마음에 근심도 말고 두려워하지도 말라.

때마다 일마다 평강을 주시는 하나님

살후 3:16, 평강의 주께서 친히 때마다 일마다 너희에게 평강 주시기를 원하노라 주는 너희 모든 사람과 함께 하실지어다.

내게 새 일, 곧 광야의 길과 사막의 강을 보이실 하나님

사 43:19, 보라 내가 새 일을 행하리니 이제 나타낼 것이라 너희가 그것을 알지 못하겠느냐 정녕히 내가 광야에 길과 사막에 강을 내리니.

올해에도 이 나라 이 민족에게 광야에 길을
내어주시고 사막에 강을 이루어 주시리라.
주어진 하루하루를 부족한 나를 통해

하나님의 거룩한 일을 반드시 이루시기로
작정하신 능력의 하나님,
나를 정금 같이 빛나게 하실 하나님,
나를 통해 이루실 일을 위해 충성하며
말씀에 귀를 기울이고 순종하며 감사와 기도와 찬양과 경배를
드리는 거룩한 하나님의 자녀로 값지고 복된 삶을 살지라.
지금까지 우리를 한 번도 실망 시키지 않으신 아버지 하나님께서
소원을 두고 우리가 순종하여 이루기를
크게 기대하시고 계심이라.
그대는 하나님의 뜻을 크게 이룰 존귀한 자라.

여호와께 맡기라

시 37:5~6,
5. 너의 길을 여호와께 맡기라 저를 의지하면 저가 이루시고
6. 네 의를 빛같이 나타내시며 네 공의를 정오의 빛같이 하시리로다"

하나님은 모든 문제의 해답이십니다.
하나님은 모든 대적보다 위대하십니다.
하나님은 모든 질병보다 강하십니다.
하나님은 모든 가난한 자를 부요하게 하실 수 있습니다.
하나님이 하나님 되심을 높여 드릴 때
영광중에 영광을 보게 될 것입니다.

롬 8:26, 이와 같이 성령도 우리의 연약함을 도우시나니 우리는 마땅히 기도할 바를 알지 못하나 오직 성령이 말할 수 없는 탄식으로 우리를 위하여 친히 간구하시느니라.

우리가 애매하게 당하는 고난이나 이해할 수 없는
고통으로 눈물 흘릴 때, 보혜사 성령께서는
우리의 눈물을 닦아주고 위로해 주십니다.
따라서 우리는 인생이 광야처럼 삭막하고 힘들 때나
아무도 나를 돌아봐 주지 않는다고 생각되는

고독한 순간에도 내 영혼을 안아주시는 위로의
보혜사 성령님을 기억해야 합니다.

우리들이 세상을 살면서 많은 고난과 역경에 처하지만, 결코 혼자 겪
도록 주님이 버려두시지 않습니다.
성령님께서 우리의 연약함을 도와주고 계십니다.
그런데 우리가 종종 좌절하는 이유는
존재가 약해서라기보다 인생의 갈등과 다툼이
대부분 마귀와의 영적 싸움이기 때문입니다.

그런 상황에서 우리는 무엇을 기도해야 하는지조차
알지 못할 때가 있습니다.
그때 우리를 위해 탄식하며 기도하시는 분이 있습니다.
바로 성령님입니다.
성령님이 우리를 위해 탄식함으로 하나님께 부르짖습니다.
여기에서의 탄식은 후회가 아닌 간절함,
우리의 신음소리 입니다.
성령께서 돕는 자가 되어 나를 위해 간절하게 기도하시기에
성도의 삶은 반드시 승리하게 됩니다.

혹시 스스로 잘나서 여기까지 온 줄로 착각하고 있지 않습니까?
성령님은 우리가 잘못 기도하고
엉뚱하게 기도한 것까지도 다시 간구하시며

우리를 지켜주고 계십니다.
이것이 바로 그리스도인들은 누리는 은혜중의 은혜입니다.
복되고 기쁜 날 나를 위해 탄식으로 기도하시는 성령님을
의지하며 살아갈 수 있기를 간절히 소망합니다.

우리의 기도에 귀 기울이시는 하나님!
기도할 때마다 우리를 가까이하시며, 응답하기를 기뻐하시는
그 사랑에 감사드립니다.
연약한 우리에게 다가와 기도하며 도우시는
성령님의 사랑에도 감사드립니다.
늘 성령의 인도 가운데 살게 하옵소서.
성령을 따라 감동이 지속적으로
나의 마음에 파장이 일어나기를 기도합니다.

합 2:3-이 묵시는 정한 때가 있나니 그 종말이 속히 이르겠고 결코 거짓되지 아니하리라 비록 더딜지라도 기다리라 지체되지 않고 정녕 응하리라
4. 보라 그의 마음은 교만하며 그의 속에서 정직하지 못하니라 그러나 의인은 그 믿음으로 말미암아 살리라.

낙심과 불안 원인과 치유 방법

시 42:5~6,
5. 내 영혼아 네가 어찌하여 낙망하며 어찌하여 내 속에서 불안하여 하는고 너는 하나님을 바라라 그 얼굴의 도우심을 인하여 내가 오히려 찬송하리로다
6. 내 하나님이여 내 영혼이 내 속에서 낙망이 되므로 내가 요단땅과 헤르몬과 미살산에서 주를 기억하나이다.

시편 42편은, 다윗 왕이 아들 압살롬의 반역으로
예루살렘 궁정에서 쫓겨나 들녘에서 외롭게 지내면서
낙심과 불안 속에서 지은 시입니다.

낙심이 오는 것은?

마음에 불안과 근심과 두려움과 외로움과 배신감이 밀려올 때
자연적으로 일어나는 현상.

우리의 마음에 낙심과 불안이 오는 원인은?

하나님께 대한 믿음이 약해질 때,
내 몸에 질병으로 큰 위협이 올 때,
나의 사업이 위태로워질 때,

나의 직장이 어려워질 때,
나의 가정의 삶이 어려워질 때,
까닭 없이 억울한 일을 당하였을 때,
믿었던 사람에게 배신을 당하였을 때,
예기치 않게 사고를 당하였을 때,
원수가 나를 조롱하고 위협할 때,
불의한 자에게 핍박을 받을 때,
수치와 멸시와 천대를 당할 때,
외로움 속에 우울증이 올 때,
말문이 막혀 마음이 답답할 때,
재앙으로 인해 두려움이 올 때,
성도로서 하나님의 성전에 나가지 못할 때,
간절한 기도의 응답이 없을 때,
노후에 몸은 쇠약해지고 삶에 의욕이 상실하게 될 때 등

이런 일들이 있을 때, 불신자들은
"네 하나님이 어디에 계시냐"고 조롱합니다.
믿는 사람들은, 하나님이여, 어찌하여
나를 잊으셨나이까? 나를 돌보지 않으십니까?
라고 하나님께 원망하고 의심을 합니다.

낙심과 불안과 근심과 두려움을 이길 수 있는 방법.
- 모든 일을 자기 뜻대로 이루시는 전지전능하신 하나님을 온전히 믿

고 기도하라
- 지금도 살아 역사하시는 하나님을 갈망하라
- 언제나 나타나사 나를 도우시는 하나님께 소망을 가지라
- 나를 위해 십자가를 지신 예수님을 바라보고
  그 고통스러움을 깊이 생각하고 모든 시험과 핍박을
  참고 인내하라.
- 세상 끝날까지 나와 항상 함께 하신 주님을 믿고 바라라.
  나의 앉고 일어섬을 보시고 나의 마음의
  생각을 아시고 나의 모든 삶의 과정을 아시며
  나를 버리지도 않으시고, 나를 한 순간도
  떠나지도 않으시고, 자기 이름을 위하여
  나를 의의 길로 생명 길로 인도하신
  하나님께 감사하며 찬송하며 기도함으로 주 앞에 나아가라

우리를 향하신 하나님의 명령과 약속.

요 14:1, 너희는 마음에 근심하지 말라 하나님을 믿으니 또 나(예수님)를 믿으라.

참된 평안을, 약속하신 예수님!

요 14:27, 평안을 너희에게 끼치노니 곧 나의 평안을 너희에게 주노라 내가 너희에게 주는 것은 세상이 주는 것과 같지 아니하니라 너희는 마음에 근심하지도 말고 두려워하지도 말라.

마음과 생각을 지켜주시는 하나님!

빌 4:6-아무것도 염려하지 말고 다만 모든 일에 기도와 간구로, 너희 구할 것을 감사함으로 하나님께 아뢰라.
7. 그리하면 모든 지각에 뛰어난 하나님의 평강이 그리스도 예수 안에서 너희 마음과 생각을 지키시리라.

세상 끝 날까지 나와 함께하신 주!

마 28:28, 내가 너희에게 분부한 모든 것을 가르쳐 지키게 하라 볼지어(내가 세상 끝날까지 너희와 항상 함께 있으리라)

나를 의로운 오른손으로 붙드시는 주!

사 41:10, 두려워하지 말라 내가 너와 함께 함이라 놀라지 말라 나는 네 하나님이 됨이라 내가 너를 굳세게 하리라 참으로 너를 도와주리라 참으로 나의 의로운 오른손으로 너를 붙들리라.

예수님 이름으로 기도하라!

요 14:13-너희가 내 이름으로 무엇을 구하든지 내가 행하리니 이는 아버지로 하여금 아들로 말미암아 영광을 받으시게 하려 함이라
14. 내 이름으로 무엇이든지 내게 구하면 내가 행하리라.

하나님께서 택한 자녀들에게는.

롬 8:28, 우리가 알거니와 하나님을 사랑하는 자 곧 그의 뜻대로 부르심을 입은 자들에게는 모든 것이 합력하여 선을 이루느니라.

우리 하나님 아버지는 우리에게 하신 약속에

언제나 신실하신 분이시라.
하나님께서 우리를 이토록 사랑하시고
보호하시고 인도하시고 함께하여 주신 이유는?
우리는 하나님의 독생자 예수 그리스도의
보배로운 피로 값 주고 사신 자들이요
주의 피로 죄와 허물을 사하시고
죄와 사망에서 구원하여 주셨으며
예수님의 보배로운 피를 우리에게 수혈해 주셔서
하나님의 자녀의 권세를 우리에게 주셨기 때문이라.

하나님은 우리를 떠나시지 않으시며,
우리를 버리지도 않으시며 언제 어디서나 함께 계시고 우리로 실족하지 않게 하신 신실하신 아버지시라.
인생의 생사화복을 주관하시고 나라와 정세를 주관하시며
선악 간에 공의로 심판하실 전지전능하신 하나님이 우리들의 하나님 아버지시라. 아멘, 할렐루야!
"하나님을 믿기만 하라 네 믿음이 너를 구원하였느니라."

하나님을 기쁘시게 하라

시 69:30~31,
30. 내가 노래로 하나님의 이름을 찬송하며 감사함으로 하나님을 광대하시다 하리니
31. 이것이 소 곧 뿔과 굽이 있는 황소를 드림보다 여호와를 더욱 기쁘시게 함이 될 것이라.

주를 기쁘시게 할 것이 무엇인가 시험하여 보라.(엡 5:10)
부모님을 섬길 때는 무엇보다 부모님의 마음을
헤아리는 일이 중요합니다.
이것은 주의 자녀들도 마찬가지입니다.
주님의 마음을 헤아려 그 분을 기쁘시게 할 것이
무엇인가 시험(증명)하라고 합니다.

롬 8:6-육신의 생각은 사망이요 영의 생각은 생명과 평안이니라
7. 육신의 생각은 하나님과 원수가 되나니 이는 하나님의 법에 굴복치 아니할 뿐 아니라 할 수도 없음이라
8. 육신에 있는 자들은 하나님을 기쁘시게 할 수 없느니라.

하나님은 영이시니 예배하는 자가 신령과 진정으로 예배할지니라 육에 속한 자는 영적인 일을 깨닫지 못하고

그러면서 그 길은 어둠이었던 우리가 이제 주 안에서 빛이 되었으니
빛의 자녀답게 사는 것이라고 합니다.
또한 빛의 열매는 모든 착함과 의로움과
진실함이라고 덧붙입니다.
이 말씀에 비추어볼 때, 빛 된 주의 자녀가 살아가면서
주를 기쁘시게 하는 방법은 명확합니다.

첫째, 착함의 열매를 맺는 것
착함은 자신이 아니라 이웃의 유익을 구하는 태도이며,
이는 하나님의 성품입니다.

둘째, 의로움의 열매를 맺는 것
착함이 이웃과의 관계라면 의로움은 하나님과의 관계입니다.
성령의 도움으로 율법과 말씀에 순종하는 삶을 의미합니다.

셋째, 진실함의 열매를 맺는 것
진실함은 하나님의 본질적인 속성입니다.
거짓의 자리에서 해방되어 진실함의 자녀가 되었으니,
숨길 것 없는 투명한 삶을 사는 것이 마땅합니다.
이것은 빛의 자녀들이 맺어야 할 마땅한 열매입니다.
이처럼 빛의 자녀가 된 이들에게는
새로운 삶을 살아야 하는 동기가 주어졌습니다.

이것은 우리를 어둠에서 빛으로 부르시고,
우리의 구주가 되신 주님을 기쁘게 하는 일입니다.
복되고 기쁜 날 악과 불의와 거짓이 득세하는
세상에 맞서 착함과 의로움과 진실함의 열매를 맺어
주를 기쁘게 할 수 있기를 간절히 소망합니다.

하나님! 우리를 어둠에서 빛으로 부르시고
빛의 자녀로 살아가게 하심을 감사합니다.
악함과 불의와 거짓이 득세하는 이 세대에서
주님의 자녀다움을 잊지 않게 하옵소서.
날마다 착함과 의로움과 진실함의 열매로
주님의 기쁨이 되게 하옵소서.

고전 7:32, 너희가 염려 없기를 원하노라 장가가지 않은 자는 주의 일을 염려하여 어찌하여야 주를 기쁘시게 할꼬 하되.

주의 일을 염려하는 주의 자녀가 되는 권세를 주겠다.

빌 4:18, 내게는 모든 것이 있고 또 풍부한지라 에바브로디도 편에 너희의 준 것을 받으므로 내가 풍족하니 이는 받으실만한 향기로운 제물이요 하나님을 기쁘시게 한 것이라.

살전 4:1, 종말로 형제들아 우리가 주 예수 안에서 너희에게 구하고 권면하노니 너희가 마땅히 어떻게 행하며 하나님께 기쁘시게 할 것을 우리에게 받았으니 곧 너희 행하는 바라 더욱 많이 힘쓰라.

백부장 같은 믿음,

에녹 같은 믿음,

노아 같은 믿음,

아브라함과 같은 믿음,

살아 있는 믿음,

능력 있는 믿음,

역사하는 믿음

히 11:5-믿음으로 에녹은 죽음을 보지 않고 옮기웠으니 하나님이 저를 옮기심으로 다시 보이지 아니하니라 저는 옮기우기 전에 하나님을 기쁘시게 하는 자라 하는 증거를 받았느니라
6. 믿음이 없이는 기쁘시게 못하나니 하나님께 나아가는 자는 반드시 그가 계신 것과 또한 그가 자기를 찾는 자들에게 상 주시는 이심을 믿어야 할지니라.

오직 의인은 믿음으로 살리라의 말씀에 순종하며 살아가게 되시기를 축복합니다.

흑암과 사망의 그늘

시 107:10~12,
10. 사람이 흑암과 사망의 그늘에 앉으며 곤고와 쇠사슬에 매임은
11. 하나님의 말씀을 거역하며 지존자의 뜻을 멸시함이라
12. 그러므로 수고로 저희 마음을 낮추셨으니 저희가 엎드러져도 돕는 자가 없었도다.

사람들이 왜 흑암과 사망의 그늘 속에서 곤고와 쇠사슬에 매여
고통의 무거운 짐을 지고 불안 속에 사는지 아십니까?
세상에 사는 사람 중에 한 사람도 예외 없이
고달프게 다 수고하고 무거운 짐을 힘겹게 지고
바쁨에 쫓기어 힘들어하며, 하루살이처럼 불안하게 살아갑니다.

그 이유가 진정 무엇일까요?
성경에는 이렇게 정의했습니다.
하나님의 말씀을 거역하고 지존자의 뜻을 멸시하였기 때문이라.

시 107:10-사람이 흑암과 사망의 그늘에 앉으며 곤고와 쇠사슬에 매임은
11. 하나님의 말씀을 거역하며 지존자의 뜻을 멸시함이라 그러므로 수고로 저희 마음을 낮추셨으니 저희가 엎드러져도 돕는 자가 없었도다.

이런 상황에서 회복할 수 있는 방법은?

여호와께로 돌아와 부르짖어 기도하라.

근심과 고통 중에 마음을 찢고 회개하고
여호와께 돌아와 부르짖어야 합니다.

시 107:13-이에 저희가 그 근심 중에 여호와께 부르짖으매 그 고통에서 구원하시되
14. 흑암과 사망의 그늘에서 인도하여 내시고 그 얽은 줄을 끊으셨도다
15. 여호와의 인자하심과 인생에게 행하신 기이한 일을 인하여 그를 찬송할지로다.

인자하신 하나님 아버지께서 눈물로 통회 자백할 때,
나를 고통에서 구원하시고 흑암과 사망의 그늘에서 인도해 내시고
나를 얽은 줄을 끊어주시리로다.
상한 심령을 위로로 치료하시고
질병의 고통을 주의 능력으로 치료하시고
회복하여 주셔서 찬송이 되게 하시고
슬픈 자에게 기쁨의 화관을 씌워 주시리로다

환난 날에 여호와를 부르라.

시 50:15, 환난 날에 나를 부르라 내가 너를 건지리니 네가 나를 영화롭게 하리로다.

영혼이 회복되기 위하여 하나님 만나기를 간절히 사모하라.

시 107:9, 저가 사모하는 영혼을 만족하게 하시며 주린 영혼에게 좋은 것(성령)으로 채워주심이로다.

육체의 질병을 치유 받기 위하여 말씀을 사모하라.

시 107:20, 저가 그 말씀을 보내어 저희를 고치사 위경에서 건지시는도다.

거룩한 헌신의 삶을 살아라.

시 110:3, 주의 권능의 날에 주의 백성이 거룩한 옷을 입고 즐거이 헌신하니 새벽이슬 같은 주의 청년들이 주께 나아오는 도다.

지혜와 지식과 좋은 지각을 얻으려면?

시 111:10, -여호와를 경외함이 곧 지혜의 근본이라 그 계명을 지키는 자는 다 좋은 지각이 있나니 여호와를 찬송함이 영원히 있으리로다.

참 평안을 얻으려면?

시 119:165, 주의 법을 사랑하는 자에게는 큰 평안이 있으니 저희에게 장애물이 없으리이다.

참된 쉼을 얻으려면, 주께로 돌아와라.

마 11:28, 수고하고 무거운 짐진 자들아 다 내게로 오라 내가 너희를 쉬게 하리라 나는 마음이 온유하고 겸손하니 나의 멍에를 메고 내게 배우라 그러면 너희 마음이 쉼을 얻으리니 이는 내 멍에는 쉽고 내 짐은 가벼움이라 하시니라.

날마다 우리의 짐을 지시는 주.

시 68:19, 날마다 우리 짐을 지시는 주 곧 우리의 구원이신 하나님을 찬송할지라.

모든 무거운 짐을 여호와께 온전히 맡겨라.

시 55:22, 네 짐을 여호와께 맡겨 버리라 너를 붙드시고 의인의 요동함을 영영히 허락지 아니하시리로다.

주의 사랑을 입은 자여! 주님의 십자가 앞에
네 모든 무거운 짐을 온전히 내려 놓아라.
너의 힘겹고 고통의 삶의 짐, 너 자신 스스로는 결코,
이길 수 없고 결코 피할 수 없는 죄와 허물의 짐이라
뼛속까지 아픔의 고통의 짐,
근심과 걱정과 두려움과 공포의 죽음의 짐까지도 ….
주님께 다 온전히 맡겨 버려라.

주께서 나를 단련하신 후에는 순금같이 되어 나오리라.

욥 23:10, 내가 가는 길을 그가 아시나니 그가 나를 단련하신 후에는 내가 순금같이 되어 나오리라.

고난을 당함으로 회개 기도를 하게 되고
간절히 기도함으로 주님을 만나게 되고
주님을 만남으로 모든 문제가 해결됨이라

주님 사랑 안에서 날마다 말씀을 사모함으로
성령의 능력으로 새 힘을 얻어 착함과 의로움과
진실함으로 빛 되어 소금 되어 값지게 삶며,
항상 언제 어디서나 생명을 구원하는
전도자의 삶으로 활기 넘치게 살고
건강한 삶으로 나의 남은 삶에
주님 주시는 참된 평안을 누리며 말씀과 기도로 승리하며 살지라.

하나님을 존중히 여기는 자

삼상 2:30, 그러므로 이스라엘의 하나님 나 여호와가 말하노라 내가 전에 네 집과 네 조상의 집이 내 앞에 영원히 행하리라 하였으나 이제 나 여호와가 말하노니 결단코 그렇게 하지 아니하리라 나를 존중히 여기는 자를 내가 존중히 여기고 나를 멸시하는 자를 내가 경멸하리라.

지금 나의 삶이 왜 이렇게 되었는지를 깊이 깨달아 알아
진심으로 회개함으로 주님을 친히 만나
나의 삶이 회복 받고 구원함을 얻으리로다.

내 눈을 열어 주소서

시 119:18,
내 눈을 열어서 주의 법의 기이한 것을 보게 하소서.

내가 여호와인 줄 아는 마음을 그들에게 주어서
그들이 전심으로 내게 돌아오게 하리니
그들은 내 백성이 되겠고 나는 그들의 하나님이 되리라.(렘 24:7)
하나님께서 예레미야에게 두 개의 광주리를 보여주셨습니다. 두 개의 광주리에 담긴 서로 다른 무화과에는 무슨 뜻이 있을까요?

주님께서는 좋은 무화과를 두고,

"내가 이곳에서 옮겨 갈대아인의 땅에 이르게 한 유다 포로를 이 좋은 무화과같이 잘 돌볼 것이라."(렘 24:5)

그리고 나쁜 무화과에 대해서는,

"예루살렘에 남아 있는 자들과 이집트 땅에 사는 자들을 나빠서 먹을 수 없는 나쁜 무화과같이 버리겠다."(렘 24:8)고 하십니다.

사람의 기준으로는 바벨론에 포로로 붙잡혀간 이들이

당연히 나쁜 무화과요, 예루살렘에 남거나
이집트로 피한 이들이 좋은 무화과로 보입니다.
하지만 주님이 보시기에는 바벨론으로
끌려간 이들이 고난과 역경을 통해 자신들의
모습을 반성하며 하나님께로 마음을 돌이키는
시간을 가지게 되자 그들에게 주님은 은혜를 베푸십니다.

렘 24:7, 내가 여호와인 줄 아는 마음을 그들에게 주어서 그들이 전심으로 내게 돌아오게 하리니 그들은 내 백성이 되겠고 나는 그들의 하나님이 되리라.

오늘 우리가 서 있는 곳이 교회요 믿음의 자리라고 해서
우리를 돌아보는 대신 밖에 있는 이들을 정죄한다면,
그러느라 정작 회개할 줄 모르는 안일한
삶을 살아간다면, 우리는 영락없는 나쁜 무화과입니다.
반면에, 주님으로부터 멀리 떨어져 있음을
아프게 깨달으며 회개하고 하나님께로
돌아갈 마음을 가지고 있다면 바로 그러한 사람들이
좋은 무화과 나무입니다.

시 13:3, 여호와 내 하나님이여 나를 생각하사 응답하시고 나의 눈을 밝히소서 두렵건대 내가 사망의 잠을 잘까 하오며.

중심을 보시는 주님의 눈에 합당한 삶을 살아
좋은 무화과 나무로 분류되기를 소망합니다.

하나님! 우리는 우리 눈에 보이는 것만 봅니다.
보는 대로 생각하고 판단합니다.
우리가 보는 것이 전부가 아님을,
주님의 눈이 우리의 눈과 다르다는 것을
겸손함과 두려움으로 인정하게 하시옵소서.

전 2:14, 지혜자는 눈이 밝고 우매자는 어두움에 다니거니와 이들의 당하는 일이 일반인 줄을 내가 깨닫고.

소경 거지 바디메오의 눈을 여시고.
엠마오로 내려가는 두 제자의 눈을 열어서
주님을 보게 하신 주 예수의 은혜로 충만케 하시고
지혜와 계시의 눈을 주셔서
주님이 보시는 눈을 우리에게도 주소서.
중심을 보게 하시고
참과 거짓말을 분별하는 신령한 눈,
불꽃같은 주님의 눈을 기억하며 살게 하옵소서.
예수 그리스도의 이름으로 기도합니다. 아멘.

오른편에 있는 자

전 10:2,
지혜자의 마음은 오른편에 있고 우매자의 마음은 왼편에 있느니라.

하나님을 항상 내 앞에 모신 자의 복.

시 16:8, 내가 여호와를 항상 내 앞에 모심이여 그가 내 우편에 계시므로 내가 요동치 아니하리로다.

주님의 십자가의 속죄의 사랑과 구원의 은혜를 받는 복
날마다 나와 세상을 이길 수 있는 하나님의 능력을 받는 복
하나님이 항상 보호하여 주시는 복
주밖에 다른 복이 없음을 알게 되는 복
세상에서 가장 존귀한 성도가 되는 복
괴로움은 물러가고 참 평안함을 얻는 복
나를 훈계하신 하나님을 찬송하는 복
나의 산업과 분깃을 지켜주시는 복
나의 구역과 산업이 실로 아름다운 곳에 있게 하시는 복
하나님이 내 우편에 계시므로 요동치 않은 복
내 마음이 기뻐함을 누리게 되는 복
내 영이 즐거워하는 복

내 육체도 안전히 거하는 복

존귀하게 쓰임 받는 삶의 복

삶 속에 시온의 대로가 열리는 복

하나님과 친밀한 관계를 이루는 복

내 영혼이 음부에 버림당하지 않는 복

주의 거룩한 자로 썩지 않게 되는 복

주께서 생명길로 내게 보여 주시는 복

주의 앞에서 내 기쁨이 충만하여지는 복

주의 우편에서 기쁨이 넘치는 복

험한 세상 풍랑 속에서도 지켜주시고 보호받는 복

주의 보혈로 죄와 허물을 사함 받는 복

의의 옷을 입고 주 앞에 나아가는 복

영생에 이르게 되는 복

내 앞길을 언제나 지도하시는 복

내 출입을 영원히 지켜주시는 복

그러므로 오, 주여! 나는 이렇게 큰 소리로 외치옵니다.
[주는 나의 주시오니 주밖에는 나의 복이 없다]
하였나이다
땅에 있는 성도(나)는 존귀한 자라.

주의 은총을 크게 입은 자여!
언제 어디서나 거룩하신 주님을 내 앞에 모시며

삶으로 위에 기록한 모든 복을 이 땅에서도 저 하늘에서도 주와 함께 영광을 누리며 영원히 즐겁게 사는 복된 자가 될지라.

성도여! 이 땅에서 잠시 받는 불시험을 끝까지 참고 승리합시다.

벧전 1:6-너희가 이제 여러 가지 시험을 인하여 잠간 근심하게 되지 않을 수 없었으나 오히려 크게 기뻐하도다
7. 너희 믿음의 시련이 불로 연단하여도 없어질 금보다 더 귀하여 예수 그리스도의 나타나실 때에 칭찬과 영광과 존귀를 얻게 하려 함이라"

믿음의 결국은 영혼을 구원함이라.

벧전 1:8-예수를 너희가 보지 못하였으나 사랑하는 도다
9. 이제도 보지 못하나 믿고 말할 수 없는 영광스러운 즐거움으로 기뻐하니 믿음의 결국 곧 영혼의 구원을 받음이라"

하나님의 편에 오른편에 하나님만 모시고 승리하며, 영광스러운 그 나라와 그 의를 위하여 복된 삶을 살게 되시기를 축복합니다.

마 25:34-그 때에 임금이 그 오른편에 있는 자들에게 이르시되 내 아버지께 복 받을 자들이여 나아와 창세로부터 너희를 위하여 예비 된 나라를 상속하라
35. 내가 주릴 때에 너희가 먹을 것을 주었고 목마를 때에 마시게 하였고 나그네 되었을 때에 영접하였고
36. 벗었을 때에 옷을 입혔고 병들었을 때에 돌아보았고 옥에 갇혔을 때에 와서 보았느니라.

작은 여우를 잡으라

아 2:15.
우리를 위하여 여우 곧 포도원을 허는 작은 여우를 잡으라 우리의 포도원에 꽃이 피었음이니라.

한 나라와 공동체가 무너지는 것은?
큰 홍수로 무너지는게 아니라,
작은 구멍을 방치한 결과의 큰 재앙입니다.
여리고 성을 대승한 여호수아는 아이 성을 앞에 두고
바로 정비하지 못한 결과, 아간이 하나님 앞에서 범죄 한 결과 아이 성에서 대 패망을 합니다.

요나 한 사람 때문에 배와 선장, 선원 선객
모든 큰 환난을 당하게 되었습니다.

아름다운 포도원을 망치는 것은, 작은 여우 새끼가 무너지게 합니다.

슈알 shual 여우 fox, 재칼 jackal
슈알(명남)은 '여우 fox, 재칼 jackal'을 의미한다.
구약성경에서 이 단어는 7회 나온다.

팔레스틴의 여우는 일반적으로 두 종류로 남부의 것은 애굽 여우이고, 북부의 것은 갈색을 띤 여우이다. 여우는 과일을 좋아하며, 종종 포도원을 황폐케 한다.
아 2:15에서는 우리를 위하여 여우, 포도원을 허는 작은 여우를 잡으라고 말한다. 여우는 황무지에 거한다.(겔 13:4, 애 5:18)

포도원을 허는 작은 여우를 조심하라고 충고했습니다.
최근 우리나라 과수원과 논밭에는
과수나무 열매, 고구마, 감자, 콩, 옥수수 가리지 않고
쑥대밭을 만들어 농심을 상하게 만들어 버리는
고라니와 멧돼지들로 인해 농심의 근심거리입니다.
이스라엘 포도 과수원에도 '작은 여우'라는 훼방꾼이 있었습니다.
사랑의 방해꾼 역할을 하는 작은 여우는 도대체 무얼까요?

첫째. 사랑을 훼방하는 작은 여우(15절)
1) 꽃 피는 철, 포도밭을 망치고 있는 작은 여우를 잡아야 합니다.
이스라엘 포도원의 작은 여우는
우리나라 산토끼(1인치)보다도 약간 큽니다.
이들 여우는 밭에 구멍을 내
살면서 밭을 마구잡이로 파헤칩니다.(삿 15:4; 애 5:18)

2) 그럼 여우는 무엇을 상징하는 걸까요?
포도원은 교회 또는 성도(시 80:8~16; 요 15:1)를 상징하고

여우는 교회와 성도를 훼방하는 모든 것(롬 8:35)을 상징합니다.
교회에 들어온 거짓 신자, 이단, 사단 세력의 그림자(겔 13:4)입니다

3) 드러난 이단과 유혹은 상대적으로 덜 위험합니다.
오히려 가만히 들어온 사소한 미혹과 훼방을 조심해야 한다.

4) 가정이나 남녀 간 사랑도 유사합니다.
사소한 것이 문제가 되어 결국 서로 헤어지거나 큰 폭풍을 겪는 경우가 많습니다.

둘째. 사랑의 훼방꾼 작은 여우가 들어오게 된 이유는?(16절)
1) 당연히 사랑을 훼방하기 위해서입니다.
사단은 근원적으로 하나님과 교회 또는 교회와 그리스도의 관계를 교묘히 훼방합니다.
사단은 에덴동산의 훼방꾼이요 사랑을 방해하는 원조 여우였습니다.

2) 작은 여우는 예수님도 직접 시험할 만큼 만만치 않았습니다.
이 작은 여우는 결코 미혹을 멈추지 않습니다.
거짓. 위선. 교만의 탈을 쓴 여우입니다.

3) 예수님의 경고를 귀담아들을 필요가 있습니다.
예수님은 말세에 일어날 수 있는 미혹의 방법에 대하여
하나님의 자녀에게 간결하고 분명하게 충고하십니다.(마 24:24~25)

우리를 넘어뜨리는 것은 작은 여우이다.
사자와 호랑이가 우리를 넘어뜨리는 게 아니다.
작은 여우, 작은 악, 작은 타협, 마귀는 이 작은 틈들을 노린다.
그러니 작은 것들을 더 조심하는 우리가 되어야 한다.

셋째. 사랑의 회복~ 작은 여우가 사라질 때(17절)

1) 작은 여우가 사라질 때 비로소
사랑의 목마름이 다시 싹틉니다.

2) 술람미 여인과 솔로몬은 베테르 산(창 2:23, 베테르는 "분리하다"의 뜻에서 온 말임, 연인인 두 사람은 이 이별의 산에서 아쉽게 밤에 헤어졌다가 다시 만남을 갈구함)의 노루와 사슴처럼
날이 저물고 그림자가 사라지기 전에 다시 만남을 갈망합니다.

3) 사랑은 이렇게 타는 목마름 같습니다.
성도는 주님을 늘 갈망해야 합니다.
주님의 사랑을 방해하는 포도원을 허는 작은 여우를 잡고
주님의 재림을 갈망해야 합니다.(계 22:20)

여러분의 포도원을 허는 작은 여우는 무엇인가?
무너지지 않는 견고한 성을 쌓고 반석 위에 집을 세웁시다.
시 127:1, 여호와께서 집을 세우지 아니하시면 세우는 자의 수고가 헛되며 여호와께서 성을 지키지 아니하시면 파숫군의 경성함이 허사로다.

임마누엘의 비밀

사 7:14,
그러므로 주께서 친히 징조로 너희에게 주실 것이라 보라 처녀가 잉태하여 아들을 낳을 것이요 그 이름을 임마누엘이라 하리라.

임마누엘은 임(~와 함께)과 엘(하나님)의 합성어이며,
'우리와 함께 하시는 하나님',
또는 '하나님이 우리와 함께 계신다.'를 의미합니다.
구약성경에서 이 단어는 2회 나옵니다.(사 7:14, 사 8:8)

이사야와 아하스 왕 시대와 관련하여
그 이름은 지금, 시리아와 사마리아로부터
이스라엘을 위협하고 있는 위기가
"이 아이가 악을 버리고 선을 택할 줄 알기 전에"
없어진다는 약속과 더불어
아직 잉태되지 않은 아이에게 붙여진 이름입니다.
따라서 이 아이와 이 이름은
하나님이 그의 백성 사이에서
자비롭고 구원을 위해 임재하신다는 것을
나타내주는 하나의 표징입니다.

그 이름은 최소의 의미를 지니기도 하고 최대의 의미를 지닙니다.
이 이름은 특별한 아이의 출생과 명명이
하나님의 선하신 손길이 우리에게 임한다는 것을 나타내주는
일반적인 언명일 수도 있고,
하나님이 우리와 함께 계신다는 사실이
이 아이에게서 밝혀진다는 것을 나타내주는
신의 거룩한 이름입니다.

임마누엘은 신약성경에서 마 1:23에 한번 나옵니다.
마태는 성령으로 마리아에게 잉태하여 탄생할 아들의 이름을
"예수라 하라 이는 그가 자기 백성을 저희 죄에서 구원할 자임이라."
고 요셉에게 약속한 천사의 약속을 사 7:14의 성취로 봅니다.
예수님은 이 땅에 오신 하나님이시며,
우리의 구주되시는 우리와 함께 하시는 하나님이십니다.

예수님이 성령으로 처녀의 몸에 잉태한 비밀.
예수(메시아)께서 처녀(동정녀)에게서 탄생의 대한 구약의 예언.
구약의 첫 복음의 예언

첫째, 여자의 후손으로 오실 메시아에 대한 예언

창 3:15, 내가 너(뱀)로 여자와 원수가 되게 하고 네 후손도 여자의 후손과 원수가 되게 하리니 여자의 후손은 네 머리를 상하게 할 것이요 너는 그의 발꿈치를 상하게 할 것이니라.

둘째, 처녀(동정녀)에게서 잉태될 메시아에 대한 예언.
- 이사야의 예언

사 7:14, 그러므로 주께서 친히 징조를 너희에게 주실 것이라 [보라 처녀가 잉태하여 아들]을 낳을 것이요 그의 이름을 [임마누엘]이라 하리라.

신약의 복음의 예언
- 동정녀 마리아에게서 성령으로 잉태될 하나님의 아들

눅 1:35-천사가 대답하여 가로되 성령이 네게 임하시고 지극히 높으신 이의 능력이 너를 덮으시리니 이러므로 나실 바 거룩한 자는[하나님의 아들]이라 일컬으리라
36. 보라 네 친족 엘리사벳도 늙어서 아들을 배었느니라 본래 수태하지 못한다 하던 이가 이미 여섯 달이 되었나니
37. 대저 [하나님의 모든 말씀은 능치 못하심이 없느니라]

마리아의 승낙

눅 1:38, 마리아가 가로되 [주의 계집 종이오니 말씀대로 내게 이루어지이다] 하매 천사가 떠나가니라.

마리아가 천사의 말을 확인하려고 엘리사벳을 찾아가 만났을 때.

눅 1:39-이 때에 마리아가 일어나 빨리 산중에 가서 유대 한 동네에 이르러
40. 사가랴의 집에 들어가 엘리사벳에게 문안하니
41. 엘리사벳이 마리아의 문안함을 들으매 아이(세례 요한)가 복중에서 뛰노는지라 엘리사벳이 성령의 충만함을 입어
42. 큰 소리로 불러 가로되 여자 중에 네가 복이 있으며 네 태중의 아이도 복이

있도다
43. 내 주(예수)의 모친이 내게 나아오니 이 어찌 된 일인고
44. 보라 네 문안하는 소리가 내 귀에 들릴 때에 아이가 내 복중에서 기쁨으로 뛰놀았도다 믿은 여자에게 복이 있도다
45. 주께서 그에게 하신 말씀이 반드시 이루리라.

동정녀에게서 성령으로 잉태된 메시야(예수).

마 1:23(사 7:14)-보라 처녀가 잉태하여 아들을 낳을 것이요 그 이름을 [임마누엘]이라 하라 하리라 하셨으니 이를 번역한즉 [하나님이 우리와 함께 하시다] 함이라.

마 1:18, 예수 그리스도의 나심은 이러하니라 그 모친 마리아가 요셉과 정혼하고 동거하기 전에(동정녀) [성령으로 잉태된 것]이 나타났더니.

임마누엘의 비밀은 하나님께서 독생자 예수를 세상에 보내신 목적으로 밝혀졌습니다.

요 3:16, 하나님이 세상을 이처럼 사랑하사 독생자를 주셨으니 이는 [그를 믿는 자마다 멸망하지 않고 영생]을 얻게 하려 하심이라.

아멘. 할렐루야!

그대는 보배니라

사 33:6,
너의 시대에 평안함이 있으며 구원과 지혜와 지식이 풍성할 것이니 여호와를 경외함이 너의 보배라.

그대는 이 세상에서 보배롭고 가장 귀한 복을 받은 자라
하나님께로부터 이 세상에서 가장 보배롭고 귀한
구원의 은혜를 받은 자입니다
그대는 예수를 구주로 영접하였으므로 이제 창조주
하나님의 자녀가 되었습니다.
그대는 하나님의 자녀가 되었으므로 하나님의 모든 자원,
즉 하늘에 있는 것과 땅에 있는 모든 것을
평생토록 언제 어디서든지 마음껏 사용할 수 있는
특권을 부여받은 하나님의 자녀입니다

사 43:4, 내가 너를 보배롭고 존귀하게 여기고 너를 사랑하였은즉 내가 사람들을 주어 너를 바꾸며 백성들로 네 생명을 대신하리니.

그대는 하나님 되신 예수 그리스도께서 자기 생명을
그대를 대신 십자가에서 죽으심으로
예수님의 흘리신 보혈로 죄를 용서받아 구원받은

하나님의 자녀가 되었고 예수님의 생명을 이어받아
영생을 누릴 자가 되었습니다.
그대는 그리스도 예수 안에서 참 자유를 얻은 자입니다
그리스도 예수 안에 있는 생명의 성령의 법이
죄와 사망의 법에서 해방하였기 때문입니다.(롬 8:2)

그대는 하나님의 심판대 앞에 서게 될 그 때에
주께서 그대를 위해 예수님께 중보해 주심으로써
불법을 사해 주시고 죄를 가리어 주시고
죄를 인정하지 아니하실 구원의 은총을 받은 사람입니다.

롬 4:7-불법이 사함을 받고 죄가 가리어짐을 받는 사람들은 복이 있고
8. 주께서 그 죄를 인정하지 아니하실 사람은 복이 있도다.

그대는 예수의 이름으로 기도하는 모든 것을
다 응답받을 수 있는 풍성한 복을 받은 자입니다

요 14:14, 내 이름으로 무엇이든지 내게 구하면 내가 시행하리라.

이처럼 모든 일을 자기 뜻대로 이루시는
주님의 신실한 약속을 받은 보배로운 하나님의 자녀입니다.
하나님이 그대의 힘이 되십니다.

시 18:1-나의 힘이 되신 여호와여 내가 주를 사랑하나이다"

하나님이 그대의 피난처가 되시고 구원의 뿔이시기 때문입니다
2. 여호와는 나의 반석이시요 나의 요새시요 나를 건지시는 자시요 나의 하나님이시요 나의 피할 바위시요 나의 방패시요 나의 구원의 뿔이시요 나의 산성이시로다.

사비브 사비브

그대는 하나님을 찬송하는 자로 선택받은 영광스런 자라
사 43:21, 이 백성은 내가 나를 위하여 지었나니 나의 찬송을 부르게 하려 함이니라.

그대는 하나님의 크고 비밀한 일을 볼 자임이라.

렘 33:2-일을 행하는 여호와 그것을 지어 성취하는 여호와 그 이름을 여호와라 하는 자가 이같이 이르노라
3. 너는 네게 부르짖으라 내가 네게 응답하겠고 네가 알지 못하는 크고 비밀한 일을 네게 보이리라.

그대는 하나님의 비밀을 맡아 충성스러운 청지기라.

고전 4:1-사람이 마땅히 우리를 그리스도 일군이요
하나님의 비밀을 맡은 자로 여길지어다
2. 그리고 맡은 자들에게 구할 것은 충성이니라.

그대는 하늘나라의 시민권을 받았고
예수님의 거룩한 몸의 형체를 입게 될 자입니다

빌 3:20-오직 우리의 시민권은 하늘에 있는지라

거기로서 구원하는 자 곧 우리 주 예수 그리스도를 기다리노니
21. 그가 만물을 자기에게 복종하게 하실 수 있는 자의 역사로 우리의 낮은 몸을 자기의 영광의 몸의 형체와 같이 변하게 하시리라.

그대는 예수님의 모든 시험에 함께 동참한 자이기에 천국에서
예수님과 함께 한 상에서 먹고 마시며 영원히 영광을 누릴 자라.

눅 22:28-너희는 나의 모든 시험 중에 항상 나와 함께한 자들인즉
29. 내 아버지께서 나라를 내게 맡기신 것 같이 나도 너희에게 맡겨
30. 너희로 내 나라에 있어 내 상에서 먹고 마시며 또는 보좌에 앉아 이스라엘 열 두 지파를 다스리게 하려 하노라.

그대는 하나님의 특별한 은혜를 입어
하나님의 그 크신 뜻을 다 이루어 드리며
가장 값있고 보람되고 영광된 삶을 통하여
지극히 거룩한 사명을 맡은 자로서
이 세상에서 가장 존귀하고 보배로운 행복한 자입니다.

그대는 다시 오실 예수님께서 당신의 이름을 부르시고
성령의 능력으로 공중으로 이끌어 올리시고
예수 그리스도의 신부로 혼인잔치에 참여할 자입니다.

고후 4:7, 우리가 이 보배를 질그릇에 가졌으니 이는 능력의 심히 큰 것이 하나님께 있고 우리에게 있지 아니함을 알게 하려 함이라.

그 날을 늘 사모하며 늘 기다리며 늘 준비하며
정결한 마음으로 믿음을 지키며 세상과 자신과 싸워 이기는 자,
교회들에 말씀하시는 성령의 소리를 듣는 신령한 신부로 사는
보배롭고 존귀한 하나님의 자녀입니다.

학 2:7, 또한 만국을 진동시킬 것이며 만국의 보배가 이르리니 내가 영광으로 이 전에 충만케 하리라 만군의 여호와의 말이니라.

성도는 하나님이 기뻐하시는 신부

사 62:5,
마치 청년이 처녀와 결혼함같이 네 아들들이 너를 취하겠고 신랑이 신부를 기뻐함 같이 네 하나님이 너를 기뻐하시리라.

신랑 되신 예수께서 다시 오실 때 밝은 등불 들고 나갈 준비됐느냐 그날 밤 그날 밤에 주님 맞을 등불이 준비됐느냐
주를 나와 맞으라. 나는 소리 들릴 때 기뻐하며 주를 맞이할 수 있느냐 그날 밤 그날 밤에 주님 맞을 등불이 준비됐느냐
항상 깨어 기도하며 거룩한 기름 준비하지 않고 주를 맞지 못하리 그날 밤 그날 밤에 주님 맞을 등불이 준비됐느냐
그날 밤에 영화로운 혼인 잔치에 기뻐하며 할렐루야 찬송부르리. 그날 밤 그날 밤에 주님 맞을 등불이 준비됐느냐
예비하고 예비하라 우리 신랑 예수 오실 때
밝은 등불 손에 들고 기쁨으로 주를 맞겠네

나에게는 온 마음 다하여 사모하며
생명을 다하여 사랑할 분이 있습니다.
앉으나 서나, 밤이나 낮이나,
언제 어디에서든지 그분만을 사랑하며

그분만을 사모하며, 그분만을 그리워하며
그분만을 기다림으로 정결한 마음으로
소망 중에 살아가렵니다.
눈을 감으면 자애롭고 근엄한
그 얼굴이 환하게 떠오르고
생각만 해도 그 인자한 모습 고결한 그 성품
한없이 흠모함이라 그분은 이 못난 나를
허물과 죄로 얼룩진 연약하고 부족한 나를
너는 나의 피로 산 나의 분신이라 하시고
자기 생명처럼 사랑하신다 하셨습니다.

나를 지극히 사랑하셨기에 하늘 보좌를 떠나셔서
하늘에서 이 세상까지 친히 나를 찾아오신 분,
죄와 허물로 형벌을 받아
지옥 불 못에 던져질 나의 생명을 살리시려고
나 때문에 그 거룩하신 분이
내가 받을 대신 모욕과 멸시와 조롱과 수모와
천대와 고통과 핍박과 박해를 친히 당하셨으며
그 거룩한 성체의 등허리에 모진 채찍질을
당하시어 살이 찢기고 피를 흘리셨고
머리에 수모스런 가시면류관을 깊이 씌움 받아
살이 찢기고 피를 흘리셨으며
양손과 발에 쇠못으로 박히어

살이 찢기고 피를 흘리셨으며 옆구리엔
창에 찔리시어 살이 찢어지고 거룩한 붉은 피를
온전히 다 흘려 고통과 죽음의 십자가의 길을
날 대신하여 친히 가신 분이시라.

거룩하신 그분은 죄인인 나를 살리기 위해
자신의 보배로운 피를 흘려 자신의 생명 전체를
나와 인류를 위하여 기꺼이 주셨음이라
그분의 거룩하고 성결한 피 값으로 나를 사서
나를 죄와 사망의 법에서 생명의 성령의 법으로
참자유와 해방의 주셨도다.

나에게는 날마다 기다리는 분이 있습니다.
죽은 자 가운데서 다시 살아나시어
천사의 호위를 받으며 하늘 구름을 타시고
하늘로 올라가셨던 그분,
나를 위해 반드시 다시 오마, 굳게 약속하셨던 그분,
나는 오늘도 그 약속을 믿고 이처럼
이 하루도 가슴 설레이도록 사모하며
기다리며 준비하며 살아감이라.
- 예수 그리스도는 어제나 오늘이나 영원토록 동일하시니라.

나를 이렇게 사랑하신 그분.

롬 4:25 = 예수는 우리 범죄함을 인하여 내어줌이 되고
또한 우리를 의롭다 하심을 위하여 살아나셨느니라.

주님의 십자가의 구속과 부활의 영광을 힘입은 나는
주님의 크신 사랑을 받아
이제 주님의 신실한 신부가 되었음이라.
신랑 되신 주님은 나를 위해 기도하셨습니다.

하나님과 내가 하나 되기 위하여.

요 17:22, 내가 비옵는 것은 내게 주신 영광을 내가 저희에게 주었사오니 이는 우리가 하나가 된 것 같이 저희도 하나가 되게 하려 함이니이다.

나를 주의 나라의 영광을 함께 누리기 위하여.

요 17:24, 아버지여 내게 주신 자도 나 있는 곳에 나와 함께 있어 아버지께서 창세 전부터 나를 사랑하시므로 내게 주신 나의 영광을 저희로 보게 하시기를 원하옵나이다.

바울은 예수님과 나를 위해 중매자가 되었습니다.

고후 11:2, 내가 하나님의 열심으로 너희를 위하여 열심을 내노니 내가 너희를 정결한 처녀로 한 남편인 그리스도께 드리려고 중매함이로다.

이 시대의 그리스도인들 중에, 교회는 다녀도
주님의 순결한 신부가 아닌 사람들이 많이 있습니다.

계 3:1, 내가 네 행위를 아노니 네가 살았다 하는 이름을 가졌으나 죽은 자로다.

주의 책망을 받을 자가 너무나 많은 것 같습니다.
그러나 의의 옷을 더럽히지 않는 성결한 자가 있음이라.

계 3:4, 그러나 사데(이 시대)에 그 옷을 더럽히지 아니한 자 몇 명이 네게 있어 흰옷을 입고 나와 함께 다니리니 그들은 합당한 자인 연고라.

주께 인정받는 정결하고 성결한 신부들이 있습니다.

세상을 이긴 신부에게 주신 복

계 3:5, 이기는 자는 이와 같이 흰옷을 입을 것이요 내가 그 이름을 생명책에서 반드시 흐리지 아니하고 그 이름을 내 아버지 앞과 그 천사들 앞에서 시인하리라.
순결한 신부는 믿음의 역사와 사랑의 수고와. 소망의 인내를 끝까지 견디어 이기는 성도입니다.

요일 3:2-사랑하는 자들아 우리가 지금은 하나님의 자녀라 그가 나타남이 되면 우리가 그와 같은 줄 아는 것은 그의 계신 그대로 볼 것을 인함이라
3. 주를 향하여 이 소망을 가진 자마다, 그의 깨끗하심과 같이 자기를 깨끗하게 하느니라.

순결한 신부는 깨어서 기도합니다.

시 51:10-하나님이여 내 속에 정한 마음을 창조하여 주소서
내 안에 정직한 영을(성령의 충만함을)
새롭게 하여 주소서
11. 나를 주 앞에서 쫓아내지 마시옵소서. 주의 성령이(소멸되지 않도록) 내게

서 거두지 마옵소서
12. 주의 구원의 기쁨을 다시 회복시켜 주옵소서 자원하는 심령을 주사 나를 붙들어 주옵소서

- 십자가의 길, 순교자의 삶.
나의 마음에 주를 향한 사랑이 나의 말엔
주가 주신 진리로 나의 눈엔 주의 눈물 채워 주소서.
내 입술에 찬양의 향기가 두 손에는
주를 닮은 섬김이 나의 삶의 흔적 남게 하소서.
하나님의 사랑이 영원히 함께 하리
십자가의 길을 가는 자에게 순교자의 삶을
사는 자에게 조롱하는 소리와
세상 유혹 속에서도 순결한 신부가 되리라.
내 생명 주님께 드리리. 아멘.

오늘, 이 시대에 등과 기름을 준비한 슬기로운 처녀가
얼마나 될까요? 내가 그중에 속해 있을까요?
매우 가까워진 혼인 기약의 날

마 25:6, 밤중에 소리가 나되 보라 신랑이로다 맞으러 나오라.

마 25:13, 그런즉 깨어 있으라 너희는 그 날과 그 때를 알지 못하느니라.

계 19:7-우리가 즐거워하고 크게 기뻐하며 그에게 영광을 돌리세 어린 양의 혼인 기약이 이르렀고 그의 아내가 자신을 준비하였으므로

8. 그에게 빛나고 깨끗한 세마포 옷을 입도록 허락하셨으니
이 세마포 옷은 성도들의 옳은 행실이로다 하더라
9. 천사가 내게 말하기를 기록하라 어린 양의 혼인 잔치에 청함을 받은 자들은
복이 있도다 하고 또 내게 말하되 이것은
하나님의 참되신 말씀이라.

다시 오실 예수그리스도를 위하여 마음, 정성, 뜻,
생명 다하여 충성하며 성결과 정결과
거룩한 옷을 입고 믿음, 소망, 사랑의 마음으로
예쁘게 단장된 너 순결한 신부여!
날마다 때마다 일마다 순간마다 주를 맞이할
설레임의 믿음과 긍휼과 베풂의 사랑으로
그 영광스런 날을 기다리며 사모하며 살아갈지라.
이 소망 중에 주와 함께 동행하며 날마다 말씀 안에서 성령의 능력으로 승리하며 살아가기를 간절히 소망합니다.

소생함을 얻으리라

겔 47:8~9,
8. 그가 내게 이르시되 이 물이 동방으로 향하여 흘러 아라바로 내려가서 바다에 이르리니 이 흘러 내리는 물로 그 바다의 물이 소성함을 얻을지라
9. 이 강물이 이르는 곳마다 번성하는 모든 생물이 살고 또 고기가 심히 많으리니 이 물이 흘러 들어가므로 바닷물이 소성함을 얻겠고 이 강이 이르는 각처에 모든 것이 살 것이며 이 강물이 이르는 곳마다.

소생함. 라파 rapha
고치다, 치료하다, 건강하게 하다
라파(동사)는 기본 어근이며, '고치다, 치료하다, 건강하게 하다'를 의미한다. 구약성경에서 이 단어는 67회 나오며, 칼, 니팔, 피엘, 히트파엘형으로 사용되었다.
라파는 하나님께서 아비멜렉을 치료해 주는 것을 기록하는 창 20:17에서 최초로 나오며, 여기에서 칼형이 사용되어 있다. 이 어근은 또한 치료하는 인간, 즉 실명사로 '의사'를 의미한다(창 50:2).
라파는 이방 나라를 치료하고 용서하는 것을 가리켜 사용된다(사 19:22, 사 57:18).
라파가 피엘 어간과 힛파엘 어간으로 쓰이면 사역적인 측면이 두드러진다: **"저가 무너진 여호와의 단을 '수축하되'"**(왕상 18:30). 그러나 일반적으로 치료의 대상은 인간이다: **"그로 전치되게 할지니라"**(출 21:19).

히트파엘형은 히트파엘 어간의 특징인 수동적인 의미를 지닌다: **"그가 치료받을 수 있도록"**(한글개역, "치료하려 하여", 왕하 8:29, 왕하 9:15). 히트파엘 어간은 대하 22:6에서도 나온다.

아마도 이 단어의 가장 중요한 용법은 니팔 어간일 것이다: **"그리하면 너희가 치료받을 것이라"**("병도 낫고", 삼상 6:3), **"네가 치료함을 얻지 못할 것이며"**(신 28:27). 니팔 어간은 또한 물체를 원상태로 복구시키는 것(렘 19:11), 소금물을 소금기 없는 담수로 변화시키는 것(왕하 2:22)에 대해서도 사용된다.

라파의 뜻인 치료와 회복의 개념은 사 53:5에서 결합 되어 있다: **"그가 채찍에 맞음으로 우리가 나음을 입었도다"**. 이 단어가 사용된 많은 실례에서 치료해 주시는 분도 하나님이시고 하나님의 개입 없이는 치료될 수 없는 질병이나 재앙으로 고통을 주시는 분도 하나님이시라는 것을 알 수 있다.

여호와 라파, 생명수 샘이 흐르는 곳에는 번성하는
모든 생물이 살고 또 고기가 심히 많으리니
이 물이 흘러 들어가므로 바닷물이 되살아나겠고
이 강이 이르는 각처에 모든 것이 살 것이며(겔 47:9)
"윗물이 맑아야 아랫물도 맑다."는 속담이 있습니다.
윗사람이 잘하면 아랫사람도 잘 하게 된다는 뜻입니다.
아래로 흘러가는 물이 거쳐 가는 곳마다
영향력을 미치게 된다는, 지극히 당연한 이치를

내포하고 있습니다.

바벨론에 포로로 잡혀가 충격과 혼란에 휩싸여
살아가던 에스겔 선지자는 환상 속에서
하나님께서 행하시는 회복의 현장을 경험합니다.
하나님께서 행하시는 이 놀라운 회복은
성전 문지방 아래에서부터 흘러나오는
맑은 물을 통해 일어납니다.
흘러갈수록 수심이 점점 깊어지는 이 물은 동쪽 지역
아라바로 흘러갔다가 사해로 흘러 들어가서
죽음의 바다로 불리는 사해를 맑게 합니다.(겔 47:8)

이 물이 흘러가는 곳마다 생명력이 회복되고
번성케 됩니다.(겔 47:9)
이 회복은 어류가 풍성해져서 어업 활동이
왕성해질 정도의 놀라운 회복입니다.(겔 47:10)
하지만 이러한 하나님의 회복의 역사 안에서도 여전히
죽음의 땅으로 남아 있는 곳이 있을 것이라는 사실은
믿는 자로 하여금 옷깃을 여미게 만듭니다.(겔 47:11)

요 7:38, 나를 믿는 사람은, 성경이 말한 바와 같이, 그의 배에서 생수가 강물처럼 흘러나올 것이다.

예수님께서 말씀하셨습니다. 우리의 삶 속에서

수많은 선택지가 있을 것입니다. 이때 예수 그리스도 안에서
성령을 좇아 행하라는 것이며, 하나님께서 주시는 은혜에
합당한 삶을 살아가라는 뜻입니다.

그리스도와 연합하여 선한 영향력을 끼치는 삶을
살아가기를 간절히 소망합니다.

날마다 우리와 동행하시는 하나님! 빛이신 그리스도를
삶 속에서 나타내는 것이
우리에게 주신 사명임을 깨닫게 하시니
에스겔 선지자에게 보여주신 환상 속 회복이
오늘을 살아가는 우리의 삶을 통해
이루어지게 하옵소서.

백기호목사가전하는

솟아나는 샘

신약 메시지

생각을 아시고

마 9:4,
예수께서 그 생각을 아시고 가라사대 너희가 어찌하여 마음에 악한 생각을 하느냐.

나의 마음과 생각을 이기는 길

창 3:6-여자가 그 나무를 본즉 먹음직도 하고 보암직도 하고 지혜롭게 할 만큼 탐스럽기도 한 나무인지라 여자가 그 실과를 따먹고 자기와 함께한 남편에게도 주매 그도 먹은지라
7. 이에 그들의 눈이 밝아 자기들의 몸이 벗은 줄을 알고 무화과나무 잎을 엮어 치마를 하였더라.

하나님께서 사람을 지으실 때에 모든 피조물 가운데
특히 사람을 만들 때 흙으로 몸을 만들고
코에 생기를 불어 넣어 하나님의 형상대로 만드셨으며
'지, 정, 의'를 따라 생각을 할 수 있게 하셨고
하나님의 말씀을 받아들여
말과 행동할 수 있게 만드셨습니다.
아담과 하와가 하나님의 말씀을 따라
생각하고 행동을 하였다면 사탄의 유혹의 말을 들어도

불순종이란 죄를 범하지 않았을 것입니다.
오늘날에도 사람들이 좋은 생각을 말하고
영적인 생각에 집착했더라면, 보다 행복한
삶이 되었을 것입니다.

요 13:2, 마귀가 벌써 시몬의 아들 가룟 유다의 마음에 예수를 팔려는 생각을 넣었더니.

그러나 마귀의 미혹에 빠진 타락한 인간들의 근성은
곧 나쁜 생각, 허황된 생각, 탐욕과 정욕적인 생각,
거짓과 불의와 부정의 생각, 악한 생각과
살인적인 생각, 즉 육적인 생각 그것뿐입니다.

롬 8:6-육신을 좇는 자는 육신의 일을 영을 좇는 자는
영의 일을 생각하나니 육신의 생각은 사망이요 영의 생각은 생명과 평안이니라
7. 육신의 생각이 곧 하나님과 원수가 되나니 이는 하나님의 법에 굴복치 아니
할 뿐 아니라 할 수도 없음이라.

집착된 부정한 생각을 하는 사람은 곧 사탄 마귀가
지배하고 있는 사람입니다.

하나님과의 화목을 위하여
육신의 생각을 과감하게 버려야 합니다.
육신의 생각을 이기는 길은 말씀과 찬송과 기도와
회개로 성령 충만을 받을 때입니다.

모든 재앙의 시작은 생각에서부터 이루어집니다.
진실한 신앙은 나쁜 생각을 물리쳐 이기게 됩니다.
성령의 사람은 하나님의 뜻을
깊이 생각하고 말씀에 순종하며 충성하는 삶을 살게 됩니다.

빌 4:7, 그리하면 모든 지각에 뛰어난 하나님의 평강이 그리스도 예수 안에서 너희 마음과 생각을 지키시리라.

악한 자가 우리의 생각을 지배하지 못하도록
성령이 나의 생각, 감정, 의지를 사로잡힌 바 되어야 합니다.

고후 10:5, 모든 이론을 파하며 하나님 아는 것을 대적하여 높아진 것을 다 파하고 모든 생각을 사로잡아 그리스도에게 복종케 하니.

**창 6:5-여호와께서 사람의 죄악이 세상에 관영함과
그 마음의 생각의 모든 계획이 항상 악할 뿐임을 보시고
6. 땅 위에 사람 지으셨음을 한탄하사 마음에 근심하시고
7. 이르시되 나의 창조한 사람을 내가 지면에서 쓸어버리되 사람으로부터 육축과 기는 것과 공중의 새까지 그리하리니 이는 내가 그것을 지었음을 한탄함이니라 하시니라
8. 그러나 노아는 여호와께 은혜를 입었더라.**

우리가 시험에 들게 되는 이유는 마음과 생각 속에
근심과 걱정과 고통과 염려와 불평과 의심과
탐심과 욕심과 불안이 가득히 있을 때
마귀가 틈을 타서 유혹하기 때문이라

마음과 생각을 지키시는 하나님!

빌 4:6-아무것도 염려하지 말고 오직 모든 일에 기도와 간구로 너희 구할 것을 감사함으로 하나님께 아뢰라
7. 그리하면 모든 지각에 뛰어난 하나님의 평강이 그리스도 예수 안에서 너희 마음과 생각을 지키시리라.

잠 4:23, 무릇 지킬만한 것보다 더욱 네 마음을 지키라 생명의 근원이 이에서 남이니라

빛의 자녀들의 생각은 착함과 의로움과
진실함이어야 합니다.

엡 4:9, 빛의 열매는 모든 착함과 의로움과 진실함에 있느니라.

우리는 육신에게 져서 육신의 생각과 행동을
하지 말아야 합니다.

롬 8:12-그러므로 형제들아 우리가 빚진 자로되 육신에게 져서 육신대로 살 것이 아니니라.
13. 너희가 육신대로 살면 반드시 죽을 것이로되 영으로써 몸의 행실을 죽이면 살리니.

그리스도의 사람은 정과 욕심을 십자가에 못 박았음이라.

갈 5:24, 그리스도 예수의 사람들은 육체와 함께 그 정욕과 탐심을 십자가에 못 박았느니라.

주여! 내 마음의 유혹의 시험을 주의 크신 능력으로
날마다 이기게 하시고
내 마음의 죄의 무거운 짐을 나 홀로 지고
견디다 못해 쓰러질 때 주의 보혈의 능력으로
온전히 구원하여 주옵소서.
근심에 쌓인 날 돌아 보사 나의 근심과 걱정을
온전히 맡아 주소서. 내 모든 괴로움과
닥치는 환난 주님께 아뢰오니 날 친히 구해주사
확신과 소망 중에 기쁨과 감사가 넘치게 하소서.

주님이 주신 참 평안을 받으라.

요 14:27, 평안을 너희에게 끼치노니 곧 나의 평안을 너희에게 주노라 내가 너희에게 주는 것은 세상이 주는 것과 같지 아니하니라 너희는 마음에 근심하지도 말고 두려워하지도 말라.

성령의 지혜와 계시로 늘 새롭게 하여 주소서.

히 13:8, 예수 그리스도는 어제나 오늘이나 영원토록 동일하시니라.

나의 생각 속에 정직한 영을 새롭게 하소서.

들음

마 13:16,
그러나 너희 눈은 봄으로 너희 귀는 들음으로 복이 있도다.

[예수께서 요단강에서 세례를 받고 변화산에서 하늘이 열리고 소리가 들리기를 이는 내 사랑하는 아들이니 너희는 저희 말을 들으라].

너희는 나를 불러 주여 주여 하면서도 어찌하여 내가 말하는 것을 행하지 아니하느냐(눅 6:46)

한 사람의 인격이 형성되고 모든 일을 판단하고
의사결정을 하기까지 '들음'은 매우 중요합니다.
우리의 믿음도 '들음'으로부터 납니다.(롬 10:17)
하나님의 말씀을 들음으로 하나님에 대해 알아가고,
하나님을 인식해가고, 믿음이 생겨나기 시작합니다.

하나님의 말씀은 '약속'이므로 약속을
이루어 가시는 하나님에 대한 신뢰로 인하여
구원에 대한 믿음으로 성장합니다.
예수님은 집 짓는 것을 비유로 들어(눅 6:47~49)

말씀을 듣고 행하는 사람과, 그렇지 않은 사람의
삶의 결과를 명확히 가르쳐 주십니다.
말씀을 듣고 행하는 사람'은 어떤 경우에도
흔들리거나 무너지지 않습니다.

눅 6:49, 듣고 행하지 아니하는 자는 주초 없이 흙 위에 집 지은 사람과 같으니
탁류가 부딪치매 집이 곧 무너져 파괴됨이 심하니라.

왕상 10:8, 복되도다 당신의 사람들이여 복되도다 당신의 이 신복들이여 항상
당신의 앞에 서서 당신의 지혜를 들음이로다.

하나님의 말씀을 듣는 것은 좋아하면서도
그 말씀대로 살아내려고 치열하게 싸우지 않으면,
믿음 때문에 시련이 오고, 시험이 닥칠 때
기초가 부실한 건물처럼 송두리째 무너집니다.
우리는 예수 그리스도를 믿음으로
구원 받은 하나님의 자녀가 되었고,
십자가의 보혈로 죄 씻음을 받아 의롭다 하심을
받은 자들입니다.

하나님이 우리를 부르시는 그날에, 하나님 앞에 서기까지
말씀을 듣고 행하는 삶을 포기하지 않고
믿음으로 살아낼 수 있기를 간절히 소망합니다.

살아계신 하나님! 하나님의 말씀을 귀 기울여
듣기만 하고 삶으로 행하지 않는 자가 되지 않게 하옵소서.

시 138:4, 여호와여 땅의 열왕이 주께 감사할 것은 저희가 주의 입의 말씀을 들음이오며

말씀대로 살아가고자 애쓰며, 믿음의 선한 싸움으로
하나님 나라를 세워가는
하나님의 자녀가 되게 하옵소서.

계 2:7, 귀 있는 자는 성령이 교회들에게 하시는 말씀을 들을지어다 이기는 그에게는 내가 하나님의 낙원에 있는 생명나무의 과실을 주어 먹게 하리라.

계시록에 일곱 교회들에게 성령의 소리를 들으라고
촉구하는 말씀에 귀를 기울이고 순종하며
죽도록 충성하며 빛의 자녀로서 승리하게 되시기를
예수 그리스도의 이름으로 축복합니다. 아멘.

예수님은 누구신가?

마 16:15,
그리스도이시며 우리의 구주(메시아)이십니다.

'너희는 나를 누구라 하느냐?'
베드로의 대답(하나님이 알게 하심)
마 16:16-주는 그리스도시요 살아계신 하나님의 아들이시니이다.

하나님 되신 분이 사람의 모양을 입으시고
이 세상에 오신 예수님. 나의 생명을 구원하시려고
인류의 생명을 구원하시려고 그 영광의 보좌를 떠나
이 낮고 낮은 땅 죄악으로 관영한 세상에
창조주 하나님께서 사람의 모습으로 오셨음이라.

우리를 위해 하신 일.
우리가 범죄함으로 마땅히 받아야 할 멸시와 천대와 조롱과 수모와
모욕과 위협과 빌라도에게 문초를 우리 대신 친히 받으셨습니다.

범죄 한 우리를 위해 예수 그리스도께서 가신
골고다 언덕의 십자가의 길.

나와 인류의 죄와 허물 때문에 대신 형벌을 받으시려고
무거운 십자가를 지시고 피와 땀을 흘리시며 가신
가파른 골고다의 언덕길.
그곳엔 포악자들의 심문과 패역자의 언어의 횡포와
멸시와 수치와 모욕과 조롱과 천대를 당하시고
30근이 넘는 십자가를 지시고 골고다 언덕을 절며 절며 쓰러지며
오르신 그 고난의 길이셨습니다.

내가 지은 죄와 허물로 받을 형벌을 대신하여
주께서 로마 군병들의 가죽에 못이 박힌 채찍에 맞아
등과 허리의 살이 찍히어 피를 흘리시며 가셨던 길.
머리엔 가시면류관을 씌워 온 얼굴의 살이 찍히어
피를 흘리셨으며 양 손과 발에 쇠못에 박히어
살이 찍히고 피를 흘리셨으며 옆구리엔
창에 찔려 살이 찍히고 온 몸의 피와 물을
남김없이 다 흘리셨도다.

그 흘리신 보혈로 나와 인류의 죄와 허물을 깨끗이 씻기시어 성결하게 하시고 거룩하게 하셨음이라.
나(우리)는 주 예수 그리스도를 믿음으로 하나님의 자녀가 되었고 영원한 새 생명을 얻었으며 영광스런 천국 백성이 되었도다.
주께서 죽은 자 가운데서 사흘 만에 다시 살아나시어
부활의 첫 열매가 되셨도다.

부활의 주님, 생명의 주님(부활의 신앙)

요 11:25, 예수께서 이르시되 나는 부활이요 생명이니 나를 믿는 자는 죽어도 살겠고 무릇 살아서 나를 믿는 자는 영원히 죽지 아니하리니 이것을 네가 믿느냐.

마르다(나와 우리)의 대답

요 11:26, 주여 그러하외다 주는 그리스도시요 세상에 오시는 하나님의 아들이심을 내가 믿나이다.

500여 성도들이 지켜보는 중에 두 천사의 호위를 받으시며
구름을 타고 승천하시어
잠시 비어두시고 오셨던 하나님 보좌 우편에 있는
예수님의 보좌에 앉으셔서 영광을 얻으셨도다.
마지막 심판의 때가 되면 심판자의 권세를 가지고
산 자와 죽은 자를, 의로운 자와 악한 자를,
심판하시려 다시 오시리라.

오, 주님, 이 크고 놀라운 하나님의 구원의 비밀과
주 예수 그리스도의 사랑을 보혜사 성령을 통하여
나에게 깨달아 알게 하심을 감사하며 찬양을 드립니다.
세상 끝날까지 나와 항상 함께하신
주님께 감사하며 찬양합니다.

지금도 나와 함께 하시어 어제도 오늘도

때마다 일마다 여기까지 한 번도 나를 실망 시킨 적 없으시고
공평과 은혜와 긍휼과 사랑으로
나를 지켜 주신 주님을 찬양합니다.
인생의 버겁고 힘든 삶 속에서 수시로 몰아쳐 몰려오는
감당하기 힘든 시험들을 주님의 말씀의 능력으로
날마다 이기며 기도와 찬양으로 바꾸어 주셔서
오늘까지 피곤한 영혼을 평안하게 하심을 감사드립니다.

주님, 주께서 나와 함께 하시기에
광야에서 기갈 하여 비틀거릴 때에도
짙은 구름이 하늘을 덮어 성령의 단비를 내려
은혜 주심을 감사드립니다. 이제 주님은
우리를 한 순간도 떠나시지도 않으시며
버리지도 않으시겠다고 굳게 약속하시며
나의 삶 속에 기쁨으로 함께 동행하심을 믿나이다.

주님은 실패를 성공으로,
가난을 부요함으로, 약함을 강함으로,
절망을 소망으로, 불행을 행복으로.
질병을 건강으로, 고통을 찬송으로,
슬픔을 기쁨으로, 미움을 사랑으로,
죽음을 생명으로, 어두움을 빛으로,
멸망의 길을 구원의 길로
온전히 바꾸어 주셨습니다.

내 영혼을 생명의 말씀으로 날마다 윤택하게 하시고
나의 삶을 처음은 미약하나 날마다 창대하게 하시는 주님,
오늘도 독생자까지 화목제물로 내어주신
측량할 수 없는 하나님 아버지의 크고 놀라운 사랑과
주 예수 그리스도의 십자가의 보혈의 속죄와
구원의 은혜와 사랑과 성령님의 깨닫게 하심과
인도하심의 충만한 은총을 감사함으로 찬양하오니
이제와 영원무궁토록 홀로 영광을 받으시옵소서.
주님, 지금 주님의 보좌 앞에 가까이 나아갑니다.
내가 여기까지 살아온 것은 오직 하나님의
크신 은혜였습니다.

예수님은 누구신가?
우는 자의 위로와 없는 자의 풍성이며
천한 자의 높음과 잡힌 자의 놓임 되고
우리 기쁨 되시네.
약한 자의 강함과 눈먼 자의 빛이시며 병든 자의 고침과
죽은 자의 부활 되고 우리 생명 되시네.
추한 자의 정함과 죽을 자의 생명이며
죄인들의 중보와 멸망 자의 구원되고
우리 평화 되시네.
온 교회의 머리와 온 세상의 구주시며 모든 왕의 왕이요
심판하실 주님 되고 우리 영광 되시네. 아멘.

자기 십자가

마 16:24,
이에 예수께서 제자들에게 이르시되 아무든지 나를 따라오려거든 자기를 부인하고 자기 십자가를 지고 나를 좇을 것이니라.

그리스도인들은 누구나 그리스도를 따라가야 하는데
주의 발자취를 따라가기 위해서는
주님께서 십자가를 지시고 골고다의 고난의 길을 걸어가는
그 길을 나도 십자가를 지고 가야 합니다.
하나님께서 우리 각자에게 주신 십자가의 무게는?

한 학자가 불만에 찬 말로 하나님께 물었습니다.
하나님은 모든 일에 정의롭고 공평하신 분인 줄을
내가 알고 믿고 있습니다. 그런데,
"어떤 사람은 행복하게 살아가고, 어떤 사람은 불행하게 살아갑니다.
이것은 몹시 불공평한 처사가 아닐 수 없습니다"

하나님은 그의 말을 듣고 그를 요단강변으로
오라고 불렀습니다. 요단강은 사람들이
세상살이를 다 마치고 건너오는 이승과 저승의

경계 지역이었습니다. 사람들은 저마다
크고 작은 십자가를 지고 요단강을 건너왔습니다.
하나님께서 그 학자에게 말씀하셨습니다.
"저들이 지고 온 십자가의 무게를 다 달아보아라!"
학자는 하나님의 명령에 따라 강을 건너 온
사람들의 십자가를 모두 달아 보았습니다

아, 그런데 이게 어찌된 일입니까?
큰 십자가도, 아주 작은 십자가도 그 무게가 같았습니다.
학자는 아무 말을 못하고 하나님만 쳐다보았습니다.
하나님께서 말씀하셨습니다.
"나는 각 사람에게 삶의 십자가를 줄 때
누구에게나 똑같은 무게의 십자가를 준단다.

어떤 사람은 매사에 구원의 은혜에 감사함으로
주께서 내게 메어준 십자가를 생각하며
찬송하며 기뻐하며 자기 십자가를 가볍게 짊어지고
힘차게 충성하며 자신을 이기며 살아가고,

고전 10:6-그런 일은 우리의 거울이 되어 우리로 하여금 저희가 악을 즐겨한 것 같이 즐겨하는 자가 되지 않게 하려 함이니
7. 저희 중에 어떤 이들과 같이 너희는 우상 숭배하는 자가 되지 말라 기록된바 백성이 앉아서 먹고 마시며 일어나서 뛰논다 함과 같으니라.

또 어떤 사람은 삶을 고통스러워하면서
매사에 불평하며 원망하며 크고 무거운 쇠덩어리처럼
무겁게 짊어지고 살아간다.
내가 늘 똑같이 공평하게 주지만 이렇게 저마다
다 다르게 받는 것이 인생들의 삶이라는 십자가이다."
라고 하셨습니다.
이 이야기는 어떤 사람의 고통이든 고통의 무게는
똑같다는 것을 의미합니다.

고전 10:9-저희 중에 어떤 이들이 주를 시험하다가 뱀에게 멸망하였나니 우리는 저희와 같이 시험하지 말자
10. 저희 중에 어떤 이들이 원망하다가 멸망시키는 자에게 멸망하였나니 너희는 저희와 같이 원망하지 말라
11. 저희에게 당한 이런 일이 거울이 되고 또한 말세를 만난 우리의 경계로 기록하였느니라.

다른 사람의 고통은 가벼워 보이는데
왜 나의 고통은 이렇게 무겁고 힘이 드냐고
생각하지 말라는 뜻이기도 하고
나에게 가장 알맞고 편안한 십자가는 지금
내가 지고 가는 십자가라는 뜻이기도 합니다
근심과 걱정이 하나도 없는 사람은
이 세상에 아무도 없습니다.

자기 마음과 머리속에서 시작되는 생각의 차이가

걱정과 근심을 낳습니다.
지금까지 나의 삶과 고통이 참기 힘들고 괴롭다 해도
주님의 십자가의 고통보다 더 고통스러울 수는 없으리라.

나의 모든 생각을 내 삶의 모든 일들을
주님의 구원의 은혜에 감격하여
기쁨의 일로
감사의 일로
은혜의 일로
사랑의 일로
주께서 내게 주신 복의 일로 여기면서

지금까지 생명을 주신 것을 감사하며
이만큼 건강을 주신 것을 감사하며
이런 삶의 환경을 주신 것을 감사하며
이런 가정을 주신 것을 감사하며
이런 일을 할 수 있게 하심을 감사하며
이런 믿음을 내게 주심을 감사하며

오늘, 이 하루를 내게 주셨음을 감사하며
어떤 상황과 일에서도 불평하거나 원망하는
시험에 들지 않고 내 어깨에 메어주신
나의 십자가를 지고 작은 일일지라도

신실한 마음으로 생명 바쳐 충성하며
기쁨으로 감사하며 승리하는 믿음으로 살아
주님 앞에 영광스럽게 서기를 원합니다.

현재의 고난과 장래의 영광은 비교할 수 없도다.

롬 8:18-생각하건대 현재의 고난은 장차 나타날 영광과 족히 비교할 수 없도다.

시험을 참는 자에게 생명의 면류관을 주시리라.

약 1:12, 시험을 참는 자는 복이 있나니 이는 시련을 견디어 낸 자가 주께서 자기를 사랑하는 자들에게 약속하신 생명의 면류관을 얻을 것이기 때문이라.

끝까지 견디는 자는 구원을 얻으리라.

마 24:13-그러나 끝까지 견디는 자는 구원을 얻으리라

살전 5:15-삼가 누가 누구에게든지 악으로 악을 갚지 말게 하고 오직 피차 대하든지 모든 사람을 대하든지 항상 선을 좇으라
16. 항상 기뻐하라
17. 쉬지 말고 기도하라
18. 범사에 감사하라 이는 그리스도 예수 안에서 너희를 향하신 하나님의 뜻이니라.
아버지의 뜻이 하늘에서 이루어진 것 같이 땅에서도 이루어지이다.

안식 후 첫날

막 16:9,
예수께서 안식 후 첫날 이른 아침에 살아나신 후 전에 일곱 귀신을 쫓아내어 주신 막달라 마리아에게 먼저 보이시니.

첫날에, 매우 일찍부터 주의 이름을 부르는 자는 복이 있도다.
완전하신 하나님께 경배드리는 날
오늘은 하나님께서 정하신 거룩한 날입니다
예수 그리스도께서 우리의 죄를 속죄하시려고
십자가에서 피 흘려 죽으시고 하나님의 성령의 능력으로
죽은 자 가운데서 살아나신 날,
이 날을 [주의 날 = 주일]로 초대교회 성도들이
지키게 되었습니다.

하나님께서 천지를 창조하시고 제 칠일에 쉬신 날을
[안식일]로 정하여 안식일의 규범과
[율법]을 주시어 자기 백성에게 지키도록 하였습니다.
그러나 사람이 [안식일과 율법]을 바로 준수하지 못하고
범죄하므로 인하여 모두 죽어 지옥 불못으로
떨어지는 것을 차마 볼 수 없어서

하나님께서 택함 받은 백성들을 구원하시기 위하여
독생자 예수를 이 세상에 보내셨으며
인간의 속죄를 위하여 죄 없으신 예수님께서
십자가에서 흘린 보혈로 속죄함 받게 하셨으며

범죄한 인간에게 한번 죽는 것을 정하셨기에
예수께서 나(우리)를 대신하여 죽으시고
음부에까지 내려가셨다가 성령의 능력의 역사로
다시 살아나신 부활의 날.
하나님께서 예수 그리스도로 인하여 영적으로 새 세계를
재창조하셔서 영적인 자녀들에게
영원한 영생을 주신 새 창조의 날이라.

오늘날 우리는 초대교회에 제자들이 자주
안식 후 첫날에 모여 떡을 떼며 교제하며
예배를 드렸음을 보며 사도 요한이 밧모섬에서
[주의 날]에 성령의 감동을 받아
계시록을 기록하였음을 보아
예수님이 안식 후 첫날 새벽 부활하신 이 날을
[주의 날(주일)]로 정하여 주님의 보혈로
속죄함 받고 주님의 부활하심과
성령의 역사로 거듭남의 새 생명을 얻은
하나님의 자녀들이 날마다 지은 죄를
자백하며 기도하고 구원의 은혜 감사하며

기쁨으로 찬양하며 예배를 드리는 날이라.

우리 성도들은 완전하신 하나님께
온 맘과 정성과 뜻 다하여 기쁨으로 보좌 앞에 나아가
구원의 은혜 감사하며 속죄를 위해 기도하며
찬양을 드리며 경배를 드림이라.

오늘 우리에게 주신 하나님의 생명력 있는 말씀

시 19:7-여호와의 율법은 완전하여 영혼을 소성시키며 여호와의 증거는 확실하여 우둔한 자를 지혜롭게 하며
8. 여호와의 교훈은 정직하여 마음을 기쁘게 하고 여호와의 계명은 순결하여 눈을 밝게 하시도다
9. 여호와를 경외하는 도는 정결하여 영원까지 이르고 여호와의 법도 진실하여 다 의로우니
10. 금 곧 많은 순금보다 더 사모할 것이며 꿀과 송이꿀보다 더 달도다
11. 또 주의 종이 이것으로 경고를 받고 이것을 지킴으로 상이 크니이다
12. 자기 허물을 능히 깨달을 자 누구리요 나를 숨은 허물에서 벗어나게 하소서
13. 또 주의 종에게 고의로 죄를 짓지 말게 하사 그 죄가 나를 주장하지 못하게 하소서 그리하면 내가 정직하여 큰 죄과에서 벗어나겠나이다
14. 나의 반석이시요 나의 구속자이신 여호와여 내 입의 말과 마음의 묵상이 주님 앞에 열납되기를 원하나이다.

영과 진리로 하나님께 경배를 드려,
우리를 향하여 행차하신 성삼위 하나님의 영광을
믿음의 눈으로 바라보며 마음으로 임재를 경험하는

영광스런 복된 날이 되기를
예수님 이름으로 축복합니다.

오늘부터 부활의 아침이
우리에게 찬란하게 빛나게 나타나는 부활의 역사
죽음을 정복하고, 가난을 정복하고, 질병으로 시달리는
무리들을 치유하시고
귀신의 올무에서 자유롭게 하려고
부활의 날 예수님을 구주로 나에게 오시는 것,
주님의 영광이 하늘에 가득 찬 영광의
하나님의 빛을 비춰 주시기를 축복합니다.

보기 전에는 죽지 아니하리라

눅 2:25~27,
25. 예루살렘에 시므온이라 하는 사람이 있으니 이 사람이 의롭고 경건하여 이스라엘의 위로를 기다리는 자라 성령이 그 위에 계시더라
26. 저가 주의 그리스도를 보기 전에 죽지 아니하리라 하는 성령의 지시를 받았더니
27. 성령의 감동으로 성전에 들어가매 마침 부모가 율법의 전례대로 행하고자 하여 그 아기 예수를 데리고 오는지라.

초림의 예수님을 사모하고 기다리고 기다리다
만난 위대한 믿음의 사람들이 있었으니,
시므온과 안나, 경건하여
주의 나라를 사모하는 믿음의 사람입니다.
누구에게나 기다림이란 가슴 설레이는
기쁜 마음입니다.
누구를 기다리느냐?
만날 상대방에 따라 기쁨과 기대는
크게 차이가 있습니다.
예루살렘에 사는 시므온과 안나는
성령의 지시를 따라 메시야시요 구세주이신
예수 그리스도를 대망하고 있었습니다.

이 세상에 가장 기쁜 소식.
눅 2:11, 오늘 다윗의 동네에 너희를 위하여 구주가 나셨으니
곧 그리스도 주시니라.

만 왕의 왕, 만 주의 주되신 예수 그리스도를
기다리다 만난 사람들.

첫째, 시므온: 의롭고 경건하여 이스라엘의 위로를 기다린 자요.
성령 충만한 자라.(눅 2:25~35)
"주 그리스도를 보기 전에는 죽지 아니하리라."하는
성령의 지시함을 듣고 그 말씀이 이루어지기를
간절히 기다리던 자라.
성령의 감동으로 예수님의 사역을 미리 말한 시므온.
예루살렘에 시므온이라 하는 사람이 있으니
이 사람은 의롭고 경건하여 이스라엘의 위로를
기다리는 자라 성령이 그 위에 계시더라
그가 주의 그리스도를 보기 전에는 죽지 아니하리라 하는 성령의
지시를 받았더니 성령의 감동으로 성전에 들어가매
마침 부모가 율법의 관례대로 행하고자 하여
그 아기 예수를 데리고 오는지라
시므온이 아기를 안고 하나님을 찬송하여 이르되
주재여 이제는 말씀하신 대로 종을 평안히 놓아 주시는도다.
내 눈이 주의 구원을 보았사오니
이는 만민 앞에 예비하신 것이요

이방을 비추는 빛이요 주의 백성 이스라엘의
영광이니이다 하니 그의 부모가 그에 대한 말들을
놀랍게 여기더라 시므온이 그들에게 축복하고
그의 어머니 마리아에게 말하여 이르되
보라 이는 이스라엘 중 많은 사람을 패하거나 흥하게 하며
비방을 받는 표적이 되기 위하여 세움을 받았고
또 칼이 네 마음을 찌르듯 하리니
이는 여러 사람의 마음의 생각을 드러내려 함이니라 하더라.

둘째, 아셀 지파 바누엘의 딸 안나
결혼한 후 7년간 남편과 함께 살다가 과부가 되어
84세 되던 해까지 성전을 떠나지 않고 주야로 금식하며
간절히 기도함으로 주를 섬기며 기다리다
예수님을 만난 자라.(눅 2:36~38)
또 아셀 지파 바누엘의 딸 안나라 하는 선지자가 있어
나이가 매우 많았더라
그가 결혼한 후 일곱 해 동안 남편과 함께 살다가
과부가 되고 팔십사세가 되었더라
이 사람이 성전을
떠나지 아니하고 주야로 금식하며 기도함으로 섬기더니
마침 이 때에 나아와서 하나님께 감사하고
예루살렘의 속량을 바라는 모든 사람에게
그(예수)에 대하여 말하니라.

이처럼 성령의 감동을 받아 마음을 다하고
뜻을 다하고 정성을 다하여 충성하며 경건하고
의롭게 살아가며 주야로 간절히 금식하며 기도하며
주의 오심을 사모하며 기다리는 자에게
영광 가운데 심판의 권세를 갖고 이 땅에 다시 오실
예수 그리스도를 만나 볼 수 있게 하시리라.

셋째, 다시 오실 예수님을 기다리는 자들(벧후 3:8~14)
"사랑하는 자들아 주께는 하루가 천 년 같고
천 년이 하루 같다는 이 한 가지를 잊지 말라
주의 약속은 어떤 이들이 더디다고 생각하는 것같이
더딘 것이 아니라 오직 주께서는 너희를 대하여
오래 참으사 아무도 멸망하지 아니하고
다 회개하기에 이르기를 원하시느니라
그러나 주의 날이 도둑 같이 오리니
그 날에는 하늘이 큰 소리로 떠나가고
물질이 뜨거운 불에 풀어지고
땅과 그중에 있는 모든 일이 드러나리로다
이 모든 것이 이렇게 풀어지리니
너희가 어떠한 사람이 되어야 마땅하냐
거룩한 행실과 경건함으로
하나님의 날이 임하기를 바라보고 간절히 사모하라
그 날에 하늘이 불에 타서 풀어지고

물질이 뜨거운 불에 녹아지려니와 우리는 그의 약속대로
의가 있는 곳인 새 하늘과 새 땅을 바라보도다
그러므로 사랑하는 자들아 너희가 이것을 바라보나니
주 앞에서 점도 없고 흠도 없이 평강 가운데서
나타나기를 힘쓰라."

요일 3:3, 주를 향하여 이 소망을 가진 자마다 그의 깨끗하심과 같이 자기를 깨끗하게 하느니라;

주여! 나로 성령의 충만함을 받아 그 날을 늘 기다리며
그 날을 늘 사모하며 그 날을 위해
믿음과 성결로서 등과 기름을 준비하며
주님의 순결한 신부로서 값지게 진실하게 충성하며
선한 싸움에 승리하며 주의 보좌를 향하여 달리고
끝까지 믿음을 지키며 아름답게 살게 하소서.

말세지말을 살아가는 성도에게 요구되는 것은
오직 성령의 충만함을 받고 성령의 인도를 받고
성령이 그때 할 말을 주시는 말씀에 순종하고
성령의 나타남의 능력으로
오늘 이 하루도 승리하시기를 축복합니다.

강권하여 내 집을 채우라

눅 14:23,
주인이 종에게 이르되 길과 산울 가로 나가서 사람을 강권하여 데려다가 내 집을 채우라.

'아낭카조'는 신약성경에서 9회 나오며, 다음과 같이 사용되었다.

첫째, '강제로 ~하게 하다'라는 의미로 사용되었습니다.

① 행 26:11, "또 모든 회당에서 여러 번 형벌하여 강제로 모독하는 말을 하게 하고 저희를 대하여 심히 격분하여 외국 성까지도 가서 핍박하였고."

② 갈 2:14, "그러므로 나는 저희가 복음의 진리를 따라 바로 행하지 아니함을 보고 모든 자 앞에서 게바에게 이르되 네가 유대인으로서 이방을 좇고 유대인답게 살지 아니하면서 어찌하여 억지로 이방인을 유대인답게 살게 하려느냐 하였노라."

③ 갈 2:3, "그러나 나와 함께 있는 헬라인 디도라도 억지로 할례를 받게 아니하였으니."

④ 갈 6:12, "무릇 육체의 모양을 내려 하는 자들이 억지로 너희로 할례받게 함은 저희가 그리스도의 십자가를 인하여 핍박을 면하려 함 뿐이라."

⑤ 행 28:19, "유대인들이 반대하기로 내가 마지못하여 가이사에게 호소함이요 내 민족을 송사하려는 것이 아니로라."

⑥ 고후 12:11, "내가 어리석은 자가 되었으나 너희가 억지로 시킨 것이니 내가 너희에게 칭찬을 받아야 마땅하도다 내가 아무것도 아니나 지극히 큰 사도들보다 조금도 부족하지 아니하니라."

둘째, '간곡하게 청하다, 권하다, 재촉하다'라는 의미로 사용되었습니다.
① 마 14:22(병행구 막 6:45), "예수께서 즉시 제자들을 재촉하사 자기가 무리를 보내는 동안에 배를 타고 앞서 건너편으로 가게 하시고."
② 눅 14:23, "주인이 종에게 이르되 길과 산울 가로 나가서 사람을 강권하여 데려다가 내 집을 채우라."

눅 24:29-강권하여 그들이 강권하여 이르되 우리와 함께 유하시이다 때가 저물어가고 날이 이미 기울었나이다 하니 이에 그들과 함께 유하러 들어가시니라.

부활하신 예수님은 지금도 우리 생활의 길목으로 오셔서
우리와 함께 걷기를 기뻐하십니다.
우리가 그 분에게 손을 내어 드리고 그 곁을 지킨다면
우리 인생길에 주님이 오셔서 동행하실 것입니다.
글로바와 또 한 제자는 처음에
'눈이 가리어져서' 예수와 함께 걸으면서도 그인 줄
알아보지 못합니다.(눅 24:16)

그런데 예수님과 한참을 걷고 나서는 달라집니다.
무엇이 달라졌을까요?
어둡던 '그들의 눈이 밝아지니' 예수를 알아봅니다.

마을에 가까이 이르렀을 때
예수님이 그냥 지나가려 하시자 두 제자는
"우리와 함께 유하사이다."(눅 24:29)
예수님과 함께 머무르고 싶다는 간절한 염원을 아뢰었고, 주님은
기꺼이 그 집으로 들어가셨습니다.
예수님은 함께 음식을 나눌 때에 떡을 가지고
축복기도 하신 후에 떼어 그들에게 주셨습니다.

이것은 부활하신 주님의 성만찬입니다.
예수님은 눈이 가리워졌던 두 제자에게
말씀을 가르치시고 성만찬을 행하심으로
그들의 눈이 밝아져 부활하신 주님을 알아보게 하시고
그들의 마음을 뜨겁게 하셨습니다.
가려진 우리의 눈이 밝아져
부활의 주님을 볼 수 있으려면,
주님과 함께 길을 걸으며 말씀을 나누고
성찬을 받아야 합니다.

복되고 기쁜 날 부활의 예수님께서 제자들의
인생을 돌이키셨듯이 우리 삶도 변화시키시기를
간절히 소망합니다.

엠마오로 가는 두 제자에게 오셔서

말씀을 가르쳐 주시고 성찬을 베풀어
눈이 밝아지게 하신 하나님!
오늘, 우리에게도 찾아와 주옵소서.
그래서 우리 눈이 밝아져 주님의 부활을 확신하고
가슴이 뜨거워지게 하옵소서.
우리 삶을 변화시켜 주옵소서.
예수 그리스도의 이름으로 기도합니다.

믿음이 떨어지지 않기를

눅 22:32,
그러나 내가 너를 위하여 네 믿음이 떨어지지 않기를 기도하였노니 너는 돌이킨 후에 네 형제를 굳게 하라.

손에 키를 들고 자기의 타작 마당을 키질하신 예수님.

마 3:11-나는(세례요한) 너희로 회개하기 위하여 물로 세례를 주거니와 내 뒤에 오시는 이(예수)는 나보다 능력이 많으시니 나는 그의 신을 들기도 감당치 못하겠노라 그는 성령과 불로 너희에게 세례를 주실 것이요
12. 손에 키를 들고 자기 타작마당을 정하게 하사 알곡은 모아 곡간에 들이고 쭉정이는 꺼지지 않는 불에 태우시리라"

자기의 타작 마당은 어디인가?
하나님의 집 곧 교회(성도)를 말합니다.
말세에는 교회에서부터 심판을 하십니다.

벧전 4:17-하나님의 집(교회)에서 심판을 시작할 때가 되었나니 만일 우리에게 먼저 하면 하나님의 복음을 순종치 아니하는 자들의 그 마지막이 어떠하며
18. 또 의인이 겨우 구원을 얻으면 경건치 아니한 자와 죄인이 어디 서리요.

키질 당할 대상은 누구인가?

첫째, [알곡], [양], [주 안에 있는 자], 곡간(천국)에 드리려고…

예수님을 마음에 모시고 사는 자

성령을 충만히 받아 지혜롭게 사는 자

믿음이 성숙한 자로 죽도록 충성하며 사는 자

주의 사랑을 알아 그 사랑을 나누며 사는 자

주님의 깊은 뜻을 알아 성실히 그 뜻을 이루는 자

주님의 십자가 고난에 기쁘게 동참하는 자

영광의 소망을 믿음으로 바라보며 확신 속에 기뻐하는 자

주님께 쉬지 않고 항상 기도하는 자

범사에 하나님께 온 맘 다하여 감사하는 자

복음의 열매를 위하여 누구에게나 전도하는 자

교회와 성도들을 기쁨으로 섬기는 자

성령으로 새사람을 입어 거룩하게 사는 자

그리스도의 사람으로 정과 욕심을 십자가에 못 박은 자

모든 일에 참으며 견디며 절제하며 승리한 자

주의 오심을 사모하며 몸과 마음으로 준비하며 기다린 자

범죄 한 많은 영혼들을 의의 길로 인도하는 자

하나님의 사랑의 계명을 언제 어디서나 잘 지키는 자

주님의 기쁨이요 자랑이요 보배인 자

고난과 환난과 역경과 핍박 속에서도 승리한 자

작은 능력으로 주 예수의 이름을 결코 배반하지 않은 자

날마다 주와 동행하며 값진 삶을 사는 자

모든 시험과 유혹을 말씀과 기도로 이기는 자

주께서 이런 알곡들을 가난과 질병과 환난과
핍박과 역경과 고난의 키로 키질하시어 골라내어
영광스런 천국에 들어가서 주와 함께 영원히
영생을 누리게 하십니다.

둘째, [불신자], 불로 심판하여 지옥 불못에 던지시려고 …
하나님을 알지 못한 자
예수를 믿지 아니한 자
하나님을 부인하는 자
하나님 이외의 다른 신들을 섬기는 자
우상 숭배하는 자
조상 숭배하는 자
사탄 마귀 귀신을 신으로 섬기는 자
하나님을 모독하는 자
하나님을 대적하는 자
적 그리스도(거짓선지자 곧 이단들)
하나님의 심판을 두려워하지 않는 자
짐승표(666)를 받은 자
불의와 불법을 행하는 자
시기, 질투, 모함을 하는 자
거짓말을 하고 거짓말을 지어내는 자
음란과 음행하는 자
권력을 이용하여 남의 것을 빼앗는 자
욕심과 탐심이 가득한 자

셋째, [쭉정이], [염소], [육에 속한 자], 교회에 다니면서도 주님 밖에 있음

교회를 다니면서 예수님을 믿지 않는 자

하나님의 뜻을 거역하는 자

성령을 훼방하는 자

당을 지어 교회를 허무는 자

거짓 영(사탄, 마귀, 귀신) 이단에게 사로잡힌 자

정과 욕심에 사로잡힌 자

살인하는 자

도적질하는 자

어두움을 좋아하는 자

거짓말하는 자

(거짓말하는 자란? 예수는 하나님의 아들이 아니요. 세계의 4대 성인 중 하나다. 라고 하는 자)

악한 생각으로 당을 지어 교회의 분쟁을 일으키는 자

그리스도 구속의 은혜를 배반하여 파는 자

불의를 좋아하는 자

술과 독주에 취한 자

음행하는 자

이단의 유혹에 빠진 자

교회 안에 있으면서도 위와 같은 일들을
행하는 자들을 골라내어 지옥 불못에
던져 넣으시려고 …

주님은 지금 손에 키를 들고 자기 타작마당(교회)을
키질하시어 정하게 하시고 계십니다.
나의 신앙이 키질 당할 때에 알곡으로 곡간에 들어갈 수 있기를 …
지금은 사단이 밀 까부르는 시대라.

눅 22:31, 시몬아 시몬아 사단이 밀 까부르듯 하려고 너를 청구하였으나.

주님의 기도의 보호.

눅 22:32, 그러나 내가 너를 위하여 네 믿음이 떨어지지
않기를 기도하였노니 너는 돌이킨 후에 네 형제를 굳게 하라.

이 시대에, 우리가 어떠한 사람이 되어야 마땅한가?

벧후 3:11-주의 날이 도적 같이 오리니 너희가 어떠한 사람이 되어야 마땅하뇨
거룩한 행실과 경건함으로
12. 하나님의 날이 임하기를 바라보고 간절히 사모하라.

주님의 날이 임할 때까지 나로 깨어 일어나
기도하게 하소서 작은 일에 충성 된 자로 살게 하소서 주님 보시기에
알곡 되어 살게 하소서
말씀에 순종하며 살게 하소서
복음의 증거자로 살게 하소서
주님의 향기 되어 살게 하소서
주님의 편지 되어 살게 하소서

주님의 복음의 통로 되어 살게 하소서
하나님께 속한 자로 살게 하소서
주님의 신부 되어 정결하게 살게 하소서
주님의 제자로서 열매 맺으며 살게 하소서

사도 바울처럼 선한 싸움 잘 싸워 승리하고
주의 보좌를 푯대 삼아 달려갈 길 잘 달리고
끝까지 믿음을 지키며 충성하며 살게 하소서
예수 그리스도의 날, 주께서 나의 이름을 부를
그 때에 주님 앞에 영광스럽게 참여하게 하옵소서.

눈을 들어 하늘을 우러러

요 17:1~3,
1. 예수께서 이 말씀을 하시고 눈을 들어 하늘을 우러러 가라사대 아버지여 때가 이르렀사오니 아들을 영화롭게 하사 아들로 아버지를 영화롭게 하게 하옵소서
2. 아버지께서 아들에게 주신 모든 자에게 영생을 주게 하시려고 만민을 다스리는 권세를 아들에게 주셨음이로소이다
3. 영생은 곧 유일하신 참 하나님과 그의 보내신 자 예수 그리스도를 아는 것이니이다.

요한복음 17장은 멜기세덱의 반차를 쫓는 영원한 대제사장이신 예수님의 기도에 대한 말씀입니다.

1. 대제사장의 기도를 하시는 예수님은?

첫째, 하나님을 영화롭게 하심

요 17:1, 예수께서 이 말씀을 하시고 눈을 들어 하늘을 우러러 이르시되 아버지여 때가 이르렀사오니 아들을 영화롭게 하사 아들로 아버지를 영화롭게 하게 하옵소서.

하나님 영광은 하나님의, 영원한 작정의 첫머리입니다.

둘째, 영생을 주심

요 17:2-아버지께서 아들에게 주신 모든 사람에게 영생을 주게 하시려고 만민을 다스리는 권세를 아들에게 주셨음이로소이다
3. 영생은 곧 유일하신 참 하나님과 그가 보내신 자 예수 그리스도를 아는 것이니이다.

셋째, 은혜 언약인 구속 언약을 이루심

요 17:4-아버지께서 내게 하라고 주신 일을 내가 이루어 아버지를 이 세상에서 영화롭게 하였사오니
5. 아버지여 창세 전에 내가 아버지와 함께 가졌던 영화로써 지금도 아버지와 함께 나를 영화롭게 하옵소서.

넷째, 하나님의 이름을 가르치심

요 17:6, 세상 중에서 내게 주신 사람들에게 내가 아버지의 이름을 나타내었나이다 그들은 아버지의 것이었는데 내게 주셨으며 그들은 아버지의 말씀을 지키었나이다.

대제사장이신 예수님의 기도는 사도들과
사도들의 전승적 가르침을 받는 지체들의 대한 기도입니다.

2. 대제사장이신 예수님의 기도의 내용은?

첫째, 지체들을 위한 기도

요 17:9, 내가 그들을 위하여 비옵나니 내가 비옵는 것은 세상을 위함이 아니요

내게 주신 자들을 위함이니이다 그들은 아버지의 것이로소이다.

둘째, 인격적 연합을 위한 기도

요 17:11, 나는 세상에 더 있지 아니하오나 그들은 세상에 있사옵고 나는 아버지께로 가옵나니 거룩하신 아버지여 내게 주신 아버지의 이름으로 그들을 보전하사 우리와 같이 그들도 하나가 되게 하옵소서.

셋째, 기쁨을 위한 기도

요 17:13, 지금 내가 아버지께로 가오니 내가 세상에서 이 말을 하옵는 것은 그들로 내 기쁨을 그들 안에 충만히 가지게 하려 함이니이다.

넷째, 보존을 위한 기도

요 17:15, 내가 비옵는 것은 그들을 세상에서 데려가시기를 위함이 아니요 다만 악에 빠지지 않게 보전하시기를 위함이니이다.

다섯째, 성화를 위한 기도

요 17:17, 그들을 진리로 거룩하게 하옵소서 아버지의 말씀은 진리니이다.

여섯째, 예수님의 몸 된 교회의 모든 지체들을 위한 기도

요 17:20-내가 비옵는 것은 이 사람들만 위함이 아니요 또 그들의 말로 말미암아 나를 믿는 사람들도 위함이니
21. 아버지여, 아버지께서 내 안에, 내가 아버지 안에 있는 것 같이 그들도 다 하나가 되어 우리 안에 있게 하사 세상으로 아버지께서 나를 보내신 것을 믿게 하옵소서.

일곱째, 페리콜레시스(삼위일체 하나님의 존재 양식)를 본 받는 하나 됨을 위한 기도

요 17:22, 내게 주신 영광을 내가 그들에게 주었사오니 이는 우리가 하나가 된 것 같이 그들도 하나가 되게 하려 함이니이다.

여덟째, 예수님의 영광을 알게 하는 기도

요 17:24, 아버지여 내게 주신 자도 나 있는 곳에 나와 함께 있어 아버지께서 창세 전부터 나를 사랑하시므로 내게 주신 나의 영광을 그들로 보게 하시기를 원하옵나이다.

예수님의 영광은 작정과 언약과 속성과 사역과
성품과 하나님 나라입니다.

영원한 대제사장시시고 유일한 중보자이신 예수님은 지금도
우리들을 품 안에 안으시고 하늘 성소에서 중보기도 하십니다.

히 7:25, 그러므로 자기를 힘입어 하나님께 나아가는 자들을 온전히
구원하실 수 있으니 이는 그가 항상 살아 계셔서 그들을 위하여 간구하심이라.

하늘보좌 우편에서 우리를 위해 기도하시는
주님의 사랑을 힘입어 하나님을 영화롭게 하시기를 기도합니다.

나를 더 사랑하느냐

요 21:15,
예수께서 이르시되 요한의 아들 시몬아 네가 이 사람들보다 나를 더 사랑하느냐.

시몬 베드로의 고백.
"내가 주를 사랑한 줄을 주께서 아시나이다."

예수께서 자기를 사랑한 자에게 명하신 사명의 축복
"내 양을 먹이라 내 양을 치라 내 양을 먹이라."

우리가 세상을 떠나 주님 앞에 설 그 때에
이 세상에서 갖고 있던 것들은 한 가지도 갖고 갈 것이 없으며
세상에서 갖고 있는 것으로는
우리가 주님을 사랑하며 살았다는 것을
증명해 줄 것이 아무것도 없습니다.

마지막 순간 하나님 앞에 섰을 그때 우리의 손에 들린 것,
우리의 뒤에 남겨진 재물과 명예, 권세로는
주님을 사랑한 것을 증명할 수가 없습니다.
다만 나의 삶을 증명해 보일 수 있는 유일한 증거는

우리가 세상에 남긴 것 중에 예수님의 사랑을
최선을 다해 실천하고 많은 이에게 생명의 주님을
증거하여 영혼 구원을 이룬 흔적과 열매뿐일 것입니다.

거룩하신 하나님의 존전에서 주 예수 그리스도의
십자가의 보혈로 속죄받아 성결함과 거룩함을 입어
구원의 기쁨 속에 신령과 진정으로 감사와 찬양하며
간구와 도고를 올리며
온몸과 마음으로 경배를 드리는 예배의 삶,
복음을 증거 하기 위하여 동서남북 뛰어다니며
몸과 이마에 흘린 땀방울, 복음을 증거 하다가
당하였던 멸시와 조롱과 모욕과 핍박을 받았던
가슴 아픔의 피맺힌 멍들.
주리고 헐벗은 자들을 위해서 베풀었던
자애로운 나의 마음과 손길,
하루하루를 힘겹게 살아가는 자들,
여러 가지 시험에 들어 고통으로 괴로워 한 자들,
가련한 자들의 마음을 살피고
그들의 슬픔을 위로했던 나의 은혜로운 입술의 말들,
질병으로 고통 속에 있는 그들과 함께 아파하며
함께 고통을 나누며 말씀과 기도로 일으켜 세웠던
나의 따뜻한 포옹과 뜨거운 사랑의 눈물의 기도,

성령 충만, 말씀 충만하도록 위로하며 합심하여
함께 기도하는 마음, 남겨진 자들 마음속에
영원히 남아 있을 값지고 아름다운 나의 삶의 사랑의 흔적들,
내가 아버지의 부름을 받아
영광스런 천국에 갔을 때 나로 인하여 구원받아
먼저 부름 받아 천국에 간 부모 형제자매들이
기뻐하며 달려 나와 영접하여 주는 것만이
하나님 아버지 앞에서 우리가 주님을 사랑하여
열심히 복음을 전하였음을 확실히 증명해줄 것입니다.

내 곁에 또 내 주변에서 나를 그토록 필요로 하는 사람들을
주님의 사랑으로 얼마나 가까이하고 그들을 섬기며 살았었는가?
지금도 얼마나 가까이하고, 섬기며 사랑하고 있는가?
오늘, 주님께 내가 보일 수 있는
사랑의 증거는 무엇이 있을까?
나로 인하여 하나님께서 크게 영광을 받으시고
주님의 제자가 되는 삶을 감사하며 충성하며 살았는가?

요 15:8, 너희가 열매(전도)를 많이 맺으면 내 아버지께서 영광을 받을 것이요 너희는 내 제자가 되리라.

하나님께서 나를 택하신 목적

요 15:16, 너희가 나를 택한 것이 아니요 내가 너희를 택하여 세웠나니 이는 너희로 가서 열매를 맺게 하고 또 너희 열매가 항상 있게 하여 내 이름으로 아버지

께 무엇을 구하든지 다 받게 하려 함이라.

주의 사랑으로 형제를 사랑하는 삶을 살았는가?
우리 주님이 우리를 사랑하셨던 확실한 증거는
우리를 위해 대신 십자가에서 죽으셨음이라.

요일 3:16-그가 우리를 위하여 목숨을 버리셨으니 우리가 이로써 사랑을 알고 우리도 형제들을 위하여 목숨을 버리는 것이 마땅하니라
17. 누가 이 세상의 재물을 가지고 형제의 궁핍함을 보고도 도와줄 마음을 닫으면 하나님의 사랑이 어찌 그 속에 거하겠느냐
18. 자녀들아 우리가 말과 혀로만 사랑하지 말고 행함과 진실함으로 하자
19. 이로써 우리가 진리에 속한 줄을 알고 또 우리 마음을 주 앞에서 굳세게 하리니
20. 이는 우리 마음이 혹 우리를 책망할 일이 있어도 하나님은 우리 마음보다 크시고 모든 것을 아시기 때문이라.

우리가 형제를 사랑함이 마땅한 이유.

요일 4:9-하나님은 사랑이시라 하나님의 사랑이 우리에게 이렇게 나타난 바 되었으니 하나님이 자기의 독생자를 세상에 보내심은 그로 말미암아 우리를 살리려 하심이라
10. 사랑은 여기 있으니 우리가 하나님을 사랑한 것이 아니요 하나님이 우리를 사랑하사 우리 죄를 속하기 위하여 화목제물로 그 아들을 보내셨음이라 사랑하는 자들아 하나님이 이같이 우리를 사랑하셨은즉 우리도 서로 사랑하는 것이 마땅하니라.

계 22:12, 보라 내가 속히 오리니 내가 줄 상이 내게 있어 각 사람에게 그가 행한대로 갚아주리라.

주여! 이제부터서라도 나로 하여금
주님의 사랑을 받은 자로서 주의 피로 한 몸 된 형제들을
주의 사랑으로 섬기며
주를 알지 못하고 방황하는 많은 사람을
주의 사랑으로 복음을 전하며 사랑하며 섬기게 하소서.
그리하여 내가 주님 앞에 설 그때
주님을 사랑했던 증거가 많이 있게 하소서….
나의 삶 속에서 주님을 사랑했던 흔적들이
많이 있게 하소서….

고전 13:13, 그런즉 믿음, 소망, 사랑, 이 세 가지는 항상 있을 것인데 그중에 제일은 사랑이라.

예수님은 성령이 오시면,
"그가 와서 죄에 대하여, 의에 대하여, 심판에 대하여"(요 16:8)
세상의 그릇된 생각을 꾸짖어
바로잡아 주실 것이라고 하셨습니다.
성령이 오심으로 유대인들은 자신의 죄를 깨달았고,
설교를 듣던 중 삼천 명이 회개하였습니다.
십자가에 못 박힌 한 유대인 젊은이가
이 땅에 오신 하나님의 아들임을 확신시켜 준 것은
바로 성령의 역사였습니다.

성령은 심령의 눈을 뜨게 하여
인간의 허물과 세상의 죄를 들추어내고 바로잡아 주십니다.

성령이 오심으로 교회의 역사가 시작되었습니다.
그리스도인인 우리는 성령이 함께 하시는 사람입니다.
고전 12:3, 성령으로 아니하고는 누구든지 예수를 주시라 할 수 없느니라.

성령님을 친밀히 더 충만히 사모하는 것은
그리스도인의 진실한 모습입니다.

나아가 '성령의 일곱 은사'(롬 12:6~8)로
교회 안과 밖에서 사랑의 사역에 참여하며,
'성령의 아홉 열매'(갈 5:22~23)를 맺으면서
하나님의 자녀로 성숙해지길 소망합니다.
하나님! 우리의 허물을 바로 잡아주시어
성령의 사람으로 살 수 있게 인도하십니다.

롬 8:9, 만일 너희 속에 하나님의 영이 거하시면 너희가 육신에 있지 아니하고 영에 있나니 누구든지 그리스도의 영이 없으면 그리스도의 사람이 아니라.

그리스도인으로 살아갈 수 있는 능력을 주시는 것입니다.

내 믿음과 행실로 '사랑, 기쁨, 화평, 인내, 친절,
선함, 신실, 온유, 절제'의 열매를 맺을 수 있도록
이끌어 주시는 능력을 주시는 것 성령의 역사입니다.

롬 8:11, 예수를 죽은 자 가운데서 살리신 이의 영이 너희 안에 거하시면 그리스도 예수를 죽은 자 가운데서 살리신 이가 너희 안에 거하시는 그의 영으로 말미암아 너희 죽을 몸도 살리시리라.

죽은 나사로를 살리시면서 주님은 나는 부활이요 생명이니 나를 믿는 자는 죽어도 살겠고 무릇 살아서 나를 믿는 자는 영원히 죽지 아니하리니 영원한 생명을 약속하셨습니다.
우리 안에 영원한 생명의 유전자가 자라고 있습니다.
그리스도의 부활의 생명으로 충만한 삶을 살게 합니다.
오늘, 말씀을 적용하여 그리스도의 충만한 데까지 자라고
그의 어떠하심같이 우리도 그러할 것을
예수 그리스도의 이름으로 축복합니다. 아멘

성령을 받았느냐

행 19:2,
가로되 너희가 믿을 때에 성령을 받았느냐 가로되 아니라 우리는 성령이 있음도 듣지 못하였노라.

바울이 에베소 교회 성도들에게 너희가 믿을 때에 성령을 받았느냐고
질문을 던진 것 같이 오늘도 현대 교회들에게
성령의 세례를 받음으로 권능을 받고
예루살렘과 온 유대와 사마리아와 땅 끝까지 이르러
내 증인이 되리라 하시니라.
복음 전도의 첫째 조건이 성령의 능력입니다.

하나님의 나라는 말에 있지 아니하고 능력에 있습니다.
살리는 것은 영이니 육은 무익한 것입니다.
윤리. 도덕. 철학 지식으로 전해도 생명의 성령의 법이 죄와 사망의 법에서 너를 해방하였음이라.

오직 성령의 열매는 사랑과 희락과 화평과 오래 참음과 자비와 양선과 충성과 온유와 절제니 이 같은 것을 금지할 법이 없느니라.

행2:38, 베드로가 이르되 너희가 회개하여 각각 예수 그리스도의 이름으로 세례를 받고 죄 사함을 받으라 그리하면 성령의 선물을 받으리니.

마침내 오순절에 성령이 강림하셨습니다.
성령의 오심은 예수님이 말씀하신 대로(요 16:7)
'약속의 성취' 였습니다.
예수님은 십자가에 달리시기 전, 제자들과 고별하시면서 "가면 내가 그를 너희에게로 보내리니" 라고 하셨습니다.

또 부활하셔서는 제자들과 평화의 인사를 나누시며(요 20:22)
'성령을 받으라.'고 거듭 말씀하셨습니다.
설교하던 베드로가 십자가에 달리신 예수님을 회상할 때에, 그 자리에서 듣던 유대인들은 자신들이
그 무서운 범죄에 가담했다는 사실을 깨닫게 되었습니다.
유대인들은 비로소 마음이 찔렸고, 그들은
십자가에 못 박힌 예수님이 죄인이 아니라,
바로 자신이 죄인임을 고백하기에 이르렀습니다.

앞서 예수님은 성령이 오시면(요16:8)
"그가 와서 죄에 대하여, 의에 대하여, 심판에 대하여" 세상의 그릇된 생각을 꾸짖어 바로잡아 주실 것이라고 하셨습니다.
성령이 오심으로 유대인들은 자신의 죄를 깨달았고,
설교를 듣던 중 삼천 명이 회개하였습니다.
십자가에 못 박힌 한 유대인 젊은이가

이 땅에 오신 하나님의 아들임을
확신시켜 준 것은 바로 성령의 역사였습니다.
성령은 심령의 눈을 뜨게 하여
인간의 허물과 세상의 죄를 들추어내고 바로잡아 주십니다. 성령이 오심으로 교회의
역사가 시작되었습니다. 그리스도인인 우리는
성령이 함께하시는 사람입니다.

고전 12:33, 성령으로 아니하고는 누구든지 예수를 주시라 할 수 없느니라.

성령님을 친밀히, 더 충만히 사모하는 것은
그리스도인의 진실한 모습입니다.
'성령의 일곱 은사'(롬 12:6~8)로 교회 안과 밖에서
사랑의 사역에 참여하며,
'성령의 아홉 열매'(갈5:22~23)를 맺으면서
하나님의 자녀로 성숙해지길 소망합니다.

하나님! 우리의 허물을 바로 잡아주시어
성령의 사람으로 살 수 있게 인도하옵소서.
내 믿음과 행실로 '사랑, 기쁨, 화평, 인내, 친절, 선함, 신실, 온유,
절제'의 열매를 맺을 수 있도록 이끌어 주옵소서.

아바 아버지

롬 8:15~16,
15. 너희는 다시 무서워하는 종의 영을 받지 아니하였고 양자의 영을 받았으므로 아바 아버지라 부르짖느니라
16. 성령이 친히 우리 영으로 더불어 우리가 하나님의 자녀인 것을 증거하시나니

압바 Abba 아바, 아버지
아람어에서 아버지를 뜻하는 '압바(abba)'라는 말은 신약성경에는 세 곳에만 나타난다.

1. 예수님께서 겟세마네 동산에서 기도하실 때 사용하셨다.
막 14:36, 아바 아버지여 아버지께서는 모든 것이 가능하오니 이 잔을 내게서 옮기시옵소서 그러나 나의 원대로 마옵시고 아버지의 원대로 하옵소서.

2. 바울이 주기도문을 생각하고 말한 두 구절에 나타난다.

롬 8:14-15, 무릇 하나님의 영으로 인도함을 받는 그들은 곧 하나님의 아들이라 너희는 다시 무서워하는 종의 영을 받지 아니하였고 양자의 영을 받았으므로 아바 아버지라 부르짖느니라.

갈 4:6, 너희가 아들인고로 하나님이 그 아들의 영을 우리 마음 가운데 보내사

아바 아버지라 부르게 하셨느니라.

3. 예수님께서 제자들에게 가르쳐 주신 기도의 아람어 원문에는 압바로 나타난다.(눅 1:2)

양자의 영을 받아 창조주 하나님을 아빠 아버지라 부르는 자.
창조주시요 전지전능하신 하나님은
우리의 아빠, 아버지이십니다.

우리는 하나님의 자녀라

요 1:12-13, 영접하는 자 곧 그 이름(예수)을 믿는 자들에게는 [하나님의 자녀가 되는 권세]를 주셨으니 이는 혈통으로나 육정으로나 사람의 뜻으로 나지 아니하고 오직 하나님께로부터 난 자들이니라.

예수 그리스도를 구주로 영접한 자
주의 십자가의 보혈로 속죄함을 받은 자
성령으로 하나님의 인침을 받은 자는
하나님의 자녀가 되는 권세를 받은 자라
하나님의 영 그리스도의 영 곧 성령(보혜사)이
우리 안에 거하신 자는 죽을 몸도, 죽은 몸도,
다시 살리심을 받아 하나님 아버지의 집
곧 찬란하고 영광스런 천국에 들어가서
주님과 함께 영원히 영광을 누리게 될 것이라.

그러므로 그리스도의 영으로 우리가 죄와 사망에서
자유함을 받은 자 되었으니
우리가 육신에게 져서 육신대로 살면 반드시 죽을 것이로되
오직 성령으로 몸의 행실을 죽이면 영원히 살리라
이제 우리가 하나님의 자녀가 되어
하나님의 후사(양자. 상속자)가 되었으니
우리가 주와 함께 영광을 받기 위하여
고난도 함께 받아야 할 것이라

롬 8:11-예수를 죽은 자 가운데서 살리신 이의 영이 너희 안에 거하시면 그리스도 예수를 죽은 자 가운데서 살리신 이가 너희 안에 거하시는 그의 영으로 말미암아 너희 죽을 몸도 살리시리라
12. 그러므로 형제들아 우리가 빚진 자로되 육신에 져서 육신대로 살 것이 아니니라
13. 너희가 육신대로 살면 반드시 죽을 것이로되 영으로서 몸의 행실을 죽이면 살리니
14. 무릇 하나님의 영으로 인도함을 받는 그들은 곧 하나님의 아들이라
15. 너희는 다시 무서워하는 종의 영을 받지 아니하고 양자의 영을 받았으므로 우리가 아빠 아버지라 부르짖느니라
16. 성령이 친히 우리 영으로 더불어 우리가 하나님의 자녀인 것을 증거하시나니
17. 자녀이면 또한 후사 곧 하나님의 후사요 그리스도와 함께한 후사니 우리가 그와 함께 영광을 받기 위하여 고난도 함께 받아야 될 것이니라
18. 생각하건대 현재의 고난은 장차 우리에게 나타날 영광과 비교할 수 없도다.

너희가 거듭나지 아니하면 하나님의 나라를 볼 수 없느니라.
물과 성령으로 나지 아니하면 하나님 나라에 들어갈 수 없느니라.
육으로 난 것은 육이요 영으로 하나님의 영, 그리스도의 영,

곧 성령을 받은 자여!
이제 우리가 창조주시요 전지전능하신 하나님을
아빠 아버지라 부르는 자 되었으니
하나님의 거룩한 자녀요 천국의 후사(상속자)가
된 자로서 이제 육신의 생각대로 살 것이 아니라

오직 성령의 생각과 능력으로 육체의 정과 욕심을
십자가에 못 박고 하나님의 거룩함을 따라 거룩하게 살며
성령의 권능을 받아 예루살렘과 온 유대와 사마리아와 땅 끝까지
예수님의 십자가와 부활의 복음을
증거하는 삶으로 영광을 위하여
고난도 함께 받으며 선한 싸움을 다 싸우고
달려갈 길을 다 달리고, 끝까지 믿음을 지켜
악한 세상과 연약한 자신을 말씀과 기도로 이기는 승리자로서
이 악한 시대에 남은 자의 삶을 살아
우리 모두 하나님 보좌 앞에서.

성경에는 '면류관'이라는 단어가 여러 차례 사용되는 데 그것은,
- 생명의 면류관(약 1:12, 계 2:10),
- 기쁨의 면류관(빌 4:1),
- 썩지 않을 면류관(고전 9:24~25),
- 자랑의 면류관(살전 2:19),
- 영광의 면류관(벧전 2:4),

- 의의 면류관(딤후 4:8),
- 교회의 면류관(계 2:10, 3:11)

우리 주 예수님은 우리를 위해 십자가에서
가시면류관을 쓰셨습니다.(마 27:29, 막 15:17, 요 19:2, 5)

시들지 않는 면류관을 하나님께 받을 자로
영광 가운데 기쁨으로 서는 자가 될지라.

고후 13:13, 주 예수 그리스도의 은혜와 하나님의 사랑과 성령의 교통하심이 너희 무리와 함께 있을지어다.

양심으로 하나님을 섬기라

롬 9:1,
내가 그리스도 안에서 참말을 하고 거짓말을 아니하노라 내게 큰 근심이 있는 것과 마음에 그치지 않는 고통이 있는 것을 내 양심이 성령 안에서 나로 더불어 증거하노니.

대통령이 병들어 아파합니다.
나라가 병들어 고통합니다.
백성들이 병들어 탄식합니다.
나라가 혼란 속에 있는 이때 온 성도들은
나부터 회개의 운동이 일어나야 합니다.

하나님이 보실 때 우리의 양심은
진정 살아 있다고 생각합니까?
양심에 가책을 받을 일이 하나도 없는 사람은
세상에 한 사람도 없습니다.
하나님께서 우리 안에 양심을 넣어 두신 것은
참으로 은혜롭고 고귀한 하나님의 사랑이었습니다.
우리에게 양심이 있기에 인간으로서 대접을 받고 살며
사람으로 사람답게 살게 됨이라.

양심이 죄를 죄로 알게 하고
죄를 지으면 형벌은 받게 됨을 알게 하여
하나님께 회개하게 함으로
예수 그리스도의 피로 속죄함 받아
구원받게 하시는 하나님의 은혜의 역사입니다.

사람 중에 선악 간에 분별력이 없는 자
양심이 없는 사람이거나
그의 양심이 화인 맞은 사람은 인간이 아니요 짐승과 똑같은 자라.

시 49:20-존귀에 처하나 깨닫지 못하는 사람은 멸망하는 짐승 같도다.

인간이기를 포기한 자는
타락의 원흉 사단의 흉악한 일들 행하는 자들.
오늘날 이 세상엔 양심이 화인 맞아
사탄 마귀의 종이 되어 죄를 죄로 여기지 않고
불법과 불의와 거짓과 악행과 모략과 속임과
협박과 착취함으로 스스로 범죄함으로

하나님의 심판을 받을 정치가들, 사업가들,
거짓 목회자들, 종교인들, 권력을 남용한 자들,
공무원들, 검사들, 판사들, 경찰들, 군인들, 교육자들,
권력형 노동자들, 사회사업단체들,
약자를 착취한 자, 불법자들, 불의한 자들,

우상 숭배자, 무속인, 사기꾼, 마약자, 살인자,
자유대한민국을 위태롭게 하는 자들,
도둑들, 행음자, 무법자, 패륜아들,
거짓말하는 자, 속이는 자, 숨기는 자, 악을 행한 자,
남을 해롭게 하는 자, 이간질하는 자, 배신자,
간신들이 관영한 세상이라.
이런 자들 때문에 자유대한민국이 심히 혼란에
빠져있는 현실이라.

백성들이 분별력이 없고 악인에 대해 저항이 없고
자유에 대하여 무관심하다가 나라를 빼앗긴 순간
그 나라 백성들은 수많은 백성이 생명을 잃고
노예가 되고 난민들이 됩니다. 또 그 후손들은
비참한 삶을 살아야 합니다.
이 나라 백성들아!
정신을 바짝 차려라.
눈을 뜨고 똑바로 보아라.

하나님의 자녀들이여! 나라의 안정을 위하여
하나님께 눈물로 회개하고 진실한 마음으로 기도합시다.

그리고 이런 세상에서 예수 그리스도의 피로
속죄받아 구원받은 하나님의 자녀들은

성령의 인침을 받아 거듭난 자가 되어
선악 간에 분별력을 갖고 날마다 지은 죄를
눈물로 회개함으로 하나님께 용서를 받아
성결함과 거룩함과 의롭다 함을 얻게 됨이라.
그러므로 날마다 두려움과 떨림으로
말씀과 기도와 찬송으로 죄와 싸워 승리하며
구원을 이루며 살아감이라.
양심은 내 안에 있으나 내 것이 아니요
하나님의 거룩함을 이루는 성령과 함께 일하는 사역자라.
양심을 속이지 말고 철저하게 양심에 반응하여
밝은 빛 가운데서 착함과 의로움과
진실한 삶으로 빛의 자녀답게 살자.

양심을 무시하거나 양심을 외면하는 자는
자기가 지은 죄를 회개하지 아니함으로
하나님께 징벌을 받아 멸망의 지옥 불못에
던져지게 될 것이라. 생명이 있는 사람은
몸에 작은 가시가 들면 견딜 수 없는 아픔이 와서
그 가시를 빼야 하듯이
신발 속에 작은 자갈이 들었을 때
아픔에 견디기 어려워 속히 신발을 벗어서 털 듯이
양심이 살아 있는 사람은
성령의 회개의 영이 임하여

작은 죄라도 지으면 마음이 아파 견딜 수 없어
눈물로 철저하게 회개하게 됩니다.

너희 양심을 성령으로 깨끗하게 하라.

히 9:14, 하물며 영원하신 성령으로 말미암아 흠 없는 자기를 하나님께 드린 그리스도의 피가 어찌 너희 양심을 죽은 행실에서 깨끗하게 하고 살아 계신 하나님을 섬기게 하지 못하겠느냐.

너희 안에 선한 양심을 가지라.

벧전 3:16, 선한 양심을 가지라 이는 그리스도 안에 있는 너희의 선행을 욕하는 자들로 그 비방하는 일에 부끄러움을 당하게 하려 함이라.

선행을 하다 고난을 받는 것은 하나님의 뜻이라.

벧전 3:17, 선을 행함으로 고난 받는 것이 하나님의 뜻일진대 악을 행함으로 고난받는 것보다 나으니라.

내 안에 선한 양심을 넣어 두신 하나님의 지극한 사랑에
온 몸과 맘과 정성을 다하여 감사드리며
찬양함으로 영광을 올려드립니다.
양심이 죽은 사람은 영육이 이미 죽은 자요
지은 죄를 회개하지 못함으로
형벌을 받아 지옥 불못에 던짐을 받아
죽지도 못하고 영원히 고통 속에 살게 될 것이라.

양심이 살아 있는 자는 성령의 감동 감화를 받아
하나님의 뜻을 이루며 중심으로 회개함으로
주의 보혈로 성결함을 받아
주의 영광의 나라에 들어가 주와 함께 영원히 영광을 누리게 되리라.

마 4:17, 예수께서 비로소 전파하여 이르시되 회개하라 천국이 가까웠느니라.

벧후 3:9, 오직 주께서는 너희를 대하여 오래 참으사 아무도 멸망하지 아니하고 다 회개하기에 이르기를 원하시느니라.

하나님은 지금도 우리가 성령 안에서 무시로 회개하기를 기다리고 계십니다.
죄를 자백한 자를 용서하여 주신 하나님.

요일 1:9, 만일 우리가 우리 죄를 자백하면 그는 미쁘시고 의로우사 우리 죄를 사하시며 우리를 모든 불의에서 깨끗하게 하실 것이요.

눅 13:3, 너희에게 이르노니 아니라 너희도 만일 회개치 아니하면 다 이와 같이 망하리라.

눅 13:5, 너희에게 이르노니 아니라 너희도 만일 회개치 아니하면 다 이와 같이 망하리라.

새로운 재창조의 피조물

고후 5:17.
그런즉 누구든지 그리스도 안에 있으면 새로운 피조물이라 이전 것은 지나갔으니 보라 새것이 되었다.

그리스도인이 가장 닮고자 하는 대상은 예수님입니다.
그 어떤 인간도 완전한 존재로 태어나지 않습니다.
아담의 원죄를 품고 태어난 인간은
애초부터 불량품으로 태어납니다.
죄인이요, 죄를 지을 수밖에 없는 존재로 태어납니다.
욕심 가득한 부패한 마음을 가지고 태어납니다.
"죄는 죄를 낳고"
불량품이 만들어 내는 것은 또 다른 불량품입니다.

하나님은 우리를 완전히 새로운 피조물로 만들고자 하십니다.
이는 예수님을 영접할 때 가능합니다.

요 3:6-육으로 난 것은 육이요 성령으로 난 것은 영이니
7. 내가 네게 거듭나야 하겠다 하는 말을 기이히 여기지 말라.

예수님이 우리 안에 들어오시는 순간,

그리고 우리가 예수님 안으로
들어가는 순간 우리는 새로운 피조물로
다시 태어납니다. 새로운 신적 생명이
우리 안에서 잉태하게 됩니다.
옛사람 안에 새로운 생명이 들어옵니다.
우리가 육신의 부모로부터 받은 생명은
육의 생명이요, 땅에서 임한 생명입니다.
그러나 우리가 예수님을 영접함으로
받은 생명은 하늘의 생명입니다.

하나님의 생명이 우리 안에 들어오면
우리는 신비로운 경험과 능력을 체험하고
신성한 성품에 관심을 갖게 됩니다.
하나님을 아는 지식을 갖게 되고
진정한 나를 찾고, 내 할 일을 찾게 됩니다.
영적 믿음을 갖고 기도하게 되고,
하나님이 우리의 기도에 응답하실 것을 믿게 됩니다.
우리가 더 이상 진노의 자녀가 아닌
하나님의 자녀임을 믿게 됩니다.

지금까지는 삶의 중심이 자신이었으나
거듭난 자는 삶의 중심을 그리스도 중심으로 살아갑니다.

갈 2:20, 내가 그리스도와 함께 십자가에 못 박혔나니 그런즉 이제는 내가 산 것이 아니요 오직 내 안에 그리스도께서 사신 것이라 이제 내가 육체 가운데 사는 것은 나를 사랑하사 나를 위하여 자기 몸을 버리신 하나님의 아들을 믿는 믿음 안에서 사는 것이라.

사람이 세상에 태어나서 가장 중요하게 결정할 세 가지.

첫째, 내 인생의 참 주인은 누구신가를 아는 것
누가 나를 부모님을 통하여
이 세상에 보내셨는가 하는 것을 아는 것입니다
모든 물건은 자신이 알던 모르던 간에 제작자가 있습니다.
사람도 마찬가지입니다
사람(아담과 하와와 나)을 만드신 이가
하나님이십니다.

둘째, 그 분이 무슨 목적으로 나를
　　　이 세상에 보내셨는가를 아는 것
나의 인생 사명, 혹은 직업을 가리킵니다.
그래서 미국 청교도들은 직업을 잡(job)이라는 단어 대신에
콜링(calling), 즉 "소명"이라고 불렀습니다.
왜 살아야 하는지를 분명히 아는 사람은
거의 모든 것을 견딜 수 있습니다.

셋째, 그 일(사명)을 누구와 함께 할 것인가를 발견하는 것
배우자, 동역자(Mate)를 만나는 일입니다.

우리 중에는 일찍이 이 세 가지 과제를 해결하신 분도 계시지만
더러는 아직 진지하게 씨름하고 계신 분들도 계실 것입니다
괜찮습니다. 아직 늦지 않았습니다.
우리의 길이 되신 예수 그리스도 안에
모든 것이 들어있습니다
예수 그리스도가 길이요 진리요 생명입니다.

요 14:6, 예수께서 이르시되 나는 길이요 진리요 생명이니 나로 말미암지 않고는 아버지(하나님)께로 올 자가 없느니라.

하나님의 비밀인 예수 그리스도 안에
지혜와 지식 모든 보화가 감추어져 있습니다.

골 2:2-이는 그들로 마음에 위안을 받고 사랑 안에서 연합하여 확실한 이해의 모든 풍성함과 하나님의 비밀인 그리스도를 깨닫게 하려 함이니
3. 그 안에는 지혜와 지식의 모든 보화가 감추어져 있느니라.

예수 그리스도는 창조주시요 만왕의 왕이시오.
만주의 주시요 살아계신 하나님의 아들이시오.
나를 만드신 분이시오. 나를 세상에 보내신 이시오.
나의 모든 삶을 주관하신 분이시오.
모든 인생의 생사화복을 주관하신 분이시오.
나라와 정세를 주관하시며 모든 자연과 환경을 주관하시고
전쟁을 주관하신 분이시오.
죄로 멸망 받아 지옥 불못에 던져질 나를 대신하여

십자가에 못 박혀 피 흘려 죽으심으로
그 흘리신 피로 나를 죄와 사망의 법에서
구원하여 주신 구세주이십니다.

선인과 악인을 구별하여 심판하시는 심판주이십니다.

초림 예수는 우리를 죄와 사망의 법에서
구원하시기 위하여 어린아이로 오셨지만
재림의 예수는 심판의 권세를 갖고
심판주로 오실 것입니다.
그러므로 주 예수를 믿으라.

행 16:31, 이르되 주 예수를 믿으라 그리하면 너와 네 집이 구원을 받으리라.

십자가

갈 2:20,
내가 그리스도와 함께 십자가에 못 박혔나니 그런즉 이제는 내가 산 것이 아니요 오직 내 안에 그리스도께서 사신 것이라 이제 내가 육체 가운데 사는 것은 나를 사랑하사 나를 위하여 자기 몸을 버리신 하나님의 아들을 믿는 믿음 안에서 사는 것이라.

2025년, 47년 동안에, 주의 복음 전도자로 사용될 수 있었던
원동력은 갈라디아서 2:20의 말씀이 저에게 목회 좌우명,
오늘까지 주의 일을 하면서
바울같이 날마다 나는 죽는다는 말씀이 나를 돌아보며
오늘도 십자가에 못 박는 나의 육의 모든 성질과
그리스도께로 나아가는데 걸림돌들을
기도와 말씀을 통하여 거룩하게 하시고
흠이 없고 책망할 것이 없는 하나님의 사람으로
나타나기를 위하여 선한 싸움을 싸우고 있습니다.

롬 6:6, 우리가 알거니와 우리 옛 사람이 예수와 함께 십자가에 못 박힌 것은 죄의 몸이 멸하여 다시는 우리가 죄에게 종노릇하지 아니하려 함이니.

사도 바울은 갈라디아서 2:20에서 고백합니다.

"내가 그리스도와 함께 십자가에 못 박혔나니 이제는 내가 사는 것이 아니요 오직 내 안에 그리스도께서 사시는 것이라."

십자가는 단순한 고통의 도구가 아닙니다.
그것은 죄를 끊고 새로운 삶을 시작하는 기점입니다.
'그리스도와 함께 십자가에 못 박히는 삶'이
어떤 의미인지 함께 묵상해 보고자 합니다.

첫째, 십자가는 나의 죄와 자아를 못을 박는 것이요,
　　　나의 옛사람을 처리하는 자리

로마서 3:23은 선언합니다.
"모든 사람이 죄를 범하였으매 하나님의 영광에 이르지 못하더니."

우리의 본성은 이기적이고 죄로 가득 차 있습니다.
그러나 십자가는 우리 죄를 대신 짊어진
예수님을 통해서 우리의 죄를 용서받는 자리입니다.
십자가에서 우리가 해야 할 일은
우리의 죄와 자아를 주님께 맡기는 것입니다.
내가 죽을 때 예수님께서 내 안에서
일하시기 시작합니다.

갈 5:24, 그리스도 예수의 사람들은 육체와 함께 그 정과 욕심을 십자가에 못 박았느니라.

둘째. 십자가는 새로운 삶을 시작하는 자리

바울은 고백합니다. "이제는 내가 사는 것이 아니요."
이는 단순히 자신을 부정하는 것이 아니라,
예수님과 함께 새로운 삶을 사는 것을 의미합니다.
자신이 십자가에 못 박힘을 경험한 후에,
우리의 삶은 더 이상 이전과 같을 수 없습니다.
(거듭남) 그리스도와 연합되는 것입니다.
예수님이 내 안에서 사시는 삶은
사랑과 용서, 희생으로 가득 찬 삶입니다.

셋째. 십자가의 삶은 매일 지속 되는 과정

눅 9:23, 아무든지 나를 따라오려거든 자기를 부인하고 날마다 자기 십자가를 지고 나를 따를 것이니라.
날마다 십자가를 지는 삶은 매일의 선택입니다.
욕망을 내려놓고, 하나님의 뜻을 선택하는 삶입니다.
성령께서 나를 도우셔서 십자가를 지도록 인도하십니다.

예수를 믿는다고 고백하고 예배도 드리며
봉사, 헌신, 기도 모두 잘 하지만
주님의 음성을 듣지 못하고 볼 수도 없으며
성령의 인도함을 받지 못하는 사람을
'성도'라 말할 수 있을까요?
믿는 사람과 믿는 것 같은 사람의 차이점은 무엇이며
나는 어느 쪽인가요?

아직도 내가 주인이라면, 음성을 들을 수 없고, 볼 수도 없으며,
믿는 사람이라고 말할 수 없겠지요.
믿는 사람이라 말하면서, 성도라 불리는 사람은
자신을 그리스도와 함께 십자가에 못 박혀
죽어야만 합니다.
십자가의 복음을 통하여 날마다 나의 옛사람을 죽음에 넘기고
부활의 복음을 통하여 새롭게 거듭남의 삶을 살아가지요.

아직도 내 속에 죄가 살아 있다면
그리스도와 함께 십자가에 못 박혀 죽어야 하며
내 안에 다시 사신 그리스도께서 사시므로
그의 믿음 안에서 살아야 합니다.
진정한 구원 받기를 기도하고
성령으로 거듭나는 성도가 되기를 기도합니다.
십자가는 고난의 끝이 아니라 부활의 시작입니다.
예수님께서 죽음을 이기시고 부활하셨듯이,
우리도 십자가를 통해 죄와 자아를 내려놓고
새롭게 부활의 삶을 살게 됩니다.
우리는 날마다 말씀을 읽고 묵상하고
내 삶에 적용해야만 살아계신
예수 그리스도를 경험할 수 있습니다.

예수의 흔적

갈 6:17,
이 후로는 누구든지 나를 괴롭게 말라 내가 내 몸에 예수의 흔적을 가졌노라.

나의 몸과 마음과 삶 속에 예수 그리스도의 흔적이 있는가?
주 안에 있는 나의 삶 속에서 예수 그리스도의
십자가 위에서 고통을 이기신 흔적이 얼마나 있는가?
사도 바울의 삶 속에 있는 예수의 흔적,
나는 예수 그리스도의 사람으로서
세상 유혹과 시험에 흔들리지 않기 위하여
주의 영(성령)의 도우심을 입어
인내하므로 승리한 분투의 흔적이 있는가?

주님의 몸 된 교회를 세우기 위해서
고통과 괴로움을 인내하며 수고의 무거운 짐을 서로 지고
그리스도의 법을 성취하기 위한 희생적인 사랑의 흔적이 있는가?
그리스도의 복음을 위하여 고난의 흔적을 갖고 있는가?
자신을 위하여 얼마나 쌓고 살아왔는가보다는 이웃을 위하여 얼마나
나누며 살았는가?

나에겐 성령의 능력으로 생명의 씨를 심기 위하여
선교적인 전도를 위하여 배척과 냉대와 조롱과
핍박으로 가슴 아픈 눈물의 흔적이 있는가?
나에겐 선한 일, 가난한 자, 병든 자, 갇힌 자를 위하여 얼마나
찾아가서 위로를 하였는가?
슬픈 자를 위하여 선한 마음과 시간과 물질로 봉사하므로
하나님께서 기뻐 받으실 거룩한 헌신의 흔적이 있는가?

그리스도로 말미암아 세상이 나를 십자가에 못 박고 비웃음당하고
멸시와 천대를 받고 핍박과 역경을 겪은 고난의 흔적이 있는가?
내가 세상에 대하여 나를 십자가에 못 박고 언어의 침묵과
행동으로 결단한 절제의 흔적이 있는가?
내게 평안의 매는 줄로 성령이 하나 되게 하신 것을
힘써 지키기 위하여 화목하게 하는 흔적이 있는가?
범사에 그리스도에게까지 성숙하게 자라가기 위한
갈급한 마음으로 말씀 사모함의 훈련과
뜨거운 눈물로 회개의 기도의 훈련으로
은혜를 사모하는 몸부림의 흔적이 있는가?

두려움과 떪으로 구원을 이루도록 거룩함과 의로움을 힘써 지키기
위한 성화의 흔적이 있는가?
아버지께 구하여 성령의 지혜와 계시의 정신을 부음 받아
마음의 눈, 영의 눈이 밝아져 전지 전능하셔서

모든 일을 마음의 원대로 다 이루시는
하나님께서 나를 자녀로 선택하신 아버지이심을 바로 알고
나를 피 값으로 사심으로 나의 생명의 주인 되신
예수 그리스도를 통하여 크고 비밀한 뜻을 알고
신령한 복을 받은 흔적이 얼마나 풍성한가?

내가 장차 얻어 누릴 영광의 풍성함을 보며
성령의 능력으로 택한 백성을 천군천사로,
불병거로, 화염검으로, 산울로 지켜 주심을
영의 눈으로 보기를 위한
간절한 사모함의 눈물의 기도의 흔적이 있는가?
십자가만 자랑하다가 가족과 친척과 이웃과 동료들의 핍박으로 인한
아픔에 마음 상한 고통의 흔적이 고막이 터진 흔적이 있었는가?
주 예수의 이름 때문에 미쳤다는 소리를 몇 번이나 들었나?

십자가 위의 예수님처럼 등, 어깨에 채찍질 당하여
살이 찍히고, 피를 흘린 아픔의 흔적이 있었는가?
머리에 가시면류관을 쓰고 살이 찍히고
피 흘림의 아픔의 흔적이 있었는가?
두 손과 발에 쇠못을 박히어 살이 찍히고
피를 흘린 아픔의 흔적이 있었는가?
허리에 창에 찔림을 받아 온 몸의 물과 피를
다 쏟는 것처럼 예수님 때문에 허리가 끊지는

고통의 흔적이 몇 번이나 있었는가?

바울처럼 예수님의 십자가의 복음을 전하기 위해
유대인에게 40에 하나 감한 매를
다섯 번(195대)을 맞은 구타의 흔적이 있었는가?
세 번 태장으로 맞아 살이 찍히고 멍이든
아픔의 흔적이 있었는가?
돌에 맞아 죽을 뻔한 돌멩이 자국의 흔적이 있었는가?
옥에 갇히고 손과 발이 착고에 묶이는
고통의 흔적이 있었는가?
강과 강도와 동족과 이방인과 시내와 광야와 바다의
위험의 흔적이 있었는가?

하나님께서 그리스도를 위한
고난과 삶의 흔적을 보시고 상급을 주실 때에
내가 주께 보여드릴 주님의 고난에 동참한
흔적은 과연 얼마나 있는가?
나라의 평화와 민족 복음화를 위해
불의와 불법과 거짓과 억압하는 자들과 싸우며
눈물로 기도한 흔적이 있는가?

주님은 나에게 말씀하신다
'너는 나를 위해 어떤 흔적을 가지고 있느냐?'

오, 주 예수님! 내게는 아무 할 말이 없습니다.
그저 부끄럽고 죄송한 것뿐입니다.
그러나 이제부터서라도 나의 몸과 삶 속에서
주 예수 그리스도를 위한 고난의 흔적이 많아지도록
주께서 가신 발걸음 따라 거룩한 흔적을 남기는
삶을 살게 하소서.
주께서 절며 올라가신 눈물과 피와 땀흘림의
골고다의 고난의 길이, 나의 남은 날 하루하루의
삶의 길이 되게 하소서 …
내가 주 앞에 설 때에 결코 부끄러운 자로
서지 않게 하소서.
주께서, 어서 오너라 나의 순결한 신부여!
그 청아한 음성을 듣고 주님 사랑의 품 안에
기쁨과 감격의 눈물 속에 평안히 품에 안길 그 때에
내 할 말은 종이 할 일을 했을 뿐입니다.

하나님의 비밀인 그리스도

골 2:2~3,
2. 이는 저희로 마음에 위안을 받고 사랑 안에서 연합하여 원만한 이해의 모든 부요에 이르러 하나님의 비밀인 그리스도를 깨닫게 하려 함이라
3. 그 안에는 지혜와 지식의 모든 보화가 감추어 있느니라.

성경은 성령님의 감동으로 선지자들과 사도들을 통하여
기록된 하나님의 살아 있는 말씀이다.
성경은 하나님의 비밀인 예수 그리스도에
대한 말씀이요 생명의 말씀이요 영생하는 양식이라.
성경 말씀은 곧 예수 그리스도시요
예수님 안에는 [은혜와 진리]가 충만하며
[지혜와 지식의 모든 보화]가 감추어져 있으며
[구원에 이르는 지혜]가 있도다

말씀이 육신을 입어 이 땅에 오신 예수 그리스도.

요 1:14, 말씀이 육신이 되어 우리 가운데 거하시매 우리가 그의 영광을 보니 아버지의 독생자의 영광이요 은혜와 진리가 충만하더라.

하나님의 비밀인 예수 그리스도.(감추어진 보화)

골 2:2-이는 그들로 마음에 위안을 받고 사랑 안에서 연합하여 확실한 이해의 모든 풍성함과 하나님의 비밀인 그리스도를 깨닫게 하려 함이니
3. 그 안에는 지혜와 지식의 모든 보화가 감추어져 있느니라.

성경을 날마다 배우고 상고하여 구원의 확신에 거하라.
성경을 열 때마다 내 눈이 열려 주의법에 기이한 것을
보게 하옵소서.
하나님의 생각을 누가 더 잘 이해하느냐?
이는 성경을 사랑하는 척도요.
하나님의 마음을 누가 더 헤아릴 수 있는가?
이는 성경을 누가 더 가까이 하느냐에 달려있다.

성경은 성령의 감동으로 선지자들과 사도들이 쓴 말씀으로 하나님께서 우리에게 말씀을 주신 목적은?

- 우리로 예수를 믿음으로 구원에 이르는 지혜가 있게 하고
- 교훈과 책망과 바르게 함과 의로 교육하기에 가장 유익한 인생의
  삶의 참된 나침판이다.
- 성경은 하나님의 사람으로 온전하게 하며
  선한 일을 행할 능력을 갖게 하려 함이라.

딤후 3:14-너는 배우고 확신한 일에 거하라 너는 네가 누구에게서 배운 것을 알며
15. 또 어려서부터 성경을 알았나니 성경은 능히 너로 하여금 그리스도 예수 안에 있는 믿음으로 말미암아 구원에 이르는 지혜가 있게 하느니라
16. 모든 성경은 하나님의 감동으로 된 것으로 교훈과 책망과 바르게 함과 의로

교육하기에 유익하니
17. 이는 하나님의 사람으로 온전하게 하며 모든 선한 일을 행할 능력을 갖추게 하려 함이라.

성경은 살아 역사하시는 하나님의 말씀이라.

히 4:12-하나님의 말씀은 살아 있고 활력이 있어 좌우에 날선 어떤 검보다도 예리하여 혼과 영과 및 관절과 골수를 찔러 쪼개기까지 하며 또 마음의 생각과 뜻을 판단하나니
13. 지으신 것이 하나도 그 앞에 나타나지 않음이 없고 우리의 결산을 받으실 이의 눈앞에 만물이 벌거벗은 것 같이 드러나느니라.

성경은 창조자시오, 전지전능하신 하나님이
우리를 지극히 사랑하시는
아버지이심을 확실하게 알게 한다.
예수님은 하나님이시요. 하나님의 독생자이시요
우리를 구원하시려고 사람의 몸을 입으시고
구세주로 세상에 오셔서 우리의 죄와 허물을
한 몸에 대신 지시고 십자가에서
피흘려 죽으심으로 예수님의 피로 속죄해 주시고
우리를 죄와 사망의 법에서 해방 시켜 자유를 주시고
죽은 자 가운데서 다시 살아나셔서
부활의 첫 열매가 되셨음으로
예수님을 죽은 자 가운데서
살리신의 성령이 우리의 죽은 몸도 다시 살리시고

주님 오실 때까지 살아남은 자는
주님의 거룩한 몸의 형체와 같이 변화시켜 주셔서
주님의 혼인잔치에 참예하게 하실 것이라
부활하신 예수님은 40일 동안 10여 차례
제자들에게 나타나 보이시고
500여 성도들이 지켜 보고 있는 중에
두 천사의 호위를 받으며 하늘구름을 타시고
하늘로 승천하셔서 하나님 보좌
우편에 앉아 계시다가 우리 성도들을
구원하시고 악한 자들을 심판하시려고
영광과 능력과 권세로 다시 재림하실 예수님이
우리의 구주 예수 그리스도이심을 알게 한다

성령님은 우리 안에 거하셔서
우리에게 인을 치시어 하나님의 자녀가 되게 하시고
우리를 그리스도의 사람, 즉, 거듭난 새 사람으로
몸과 마음을 변화시키시고 능력으로 우리를
세상에서 보호하시며 인도하시고 우리의 죄를 지적하시어
진정으로 회개하게 하시고 각양 은사를 주셔서
하나님의 일을 지혜롭게 충성 되이 감당하게 하시고
선악 간에 분별력을 주시며 영광스런 하늘나라를
날마다 소망하게 하시고 세상 끝 날까지 함께하시어
선한 싸움에 승리하게 하시고 달려갈 길을

잘 달려가게 하시며 끝까지 믿음을
지키게 하신 성령의 능력을 깨달아 알게 한다.
말씀 따라 순종하며 살아가자.
말씀을 떠나서는 우리가 아무것도 할 수 없습니다.
주의 말씀은 내 발의 등불이요 내 길의 네비게이션
성경을 날마다 열심히 배우고, 상고하고 확신하자.

공중에서 주를 뵈오리

살전 4:16~17,
16. 주께서 호령과 천사장의 소리와 하나님의 나팔로 친히 하늘로 좇아 강림하시리니 그리스도 안에서 죽은 자들이 먼저 일어나고
17. 그 후에 우리 살아남은 자도 저희와 함께 구름 속으로 끌어 올려 공중에서 주를 영접하게 하시리 그리하여 우리가 항상 주와 함께 있으리라.

주님께서 다시 오실 때 이 세상은
노아(노아흐)의 때와 롯(롵)의 때와 같다고 하셨습니다.
세상 사람들은 먹고, 마시며, 시집가고, 장가가고,
사고, 팔고, 집 짓고.
일생생활에 정신을 집중하여 깨닫지 못하고
심판을 예비하지 못하고 어리석은 삶을 살게 됩니다.

마 24:37- 노아의 때와 같이 인자의 임함도 그러하리라
38. 홍수 전에 노아가 방주에 들어가던 날까지 사람들이 먹고 마시고 장가들고 시집가고 있으면서
39. 홍수가 나서 그들을 다 멸하기까지 깨닫지 못하였으니 인자의 임함도 이와 같으리라.

다시 오시는 주님의 때는 이 세상을 불로 심판하십니다.

마 24:42-그러므로 깨어 있으라 어느 날에 너희 주가 임할는지 너희가 알지 못함이니라
43. 너희도 아는 바니 만일 집 주인이 도둑이 어느 시각에 올 줄을 알았더라면 깨어 있어 그 집을 뚫지 못하게 하였으리라
44. 이러므로 너희도 준비하고 있으라 생각하지 않은 때에 인자가 오리라.

영광스러운 하늘 구름을 타시고 하늘로 올라가실 그때
나는 너희를 위해 반드시 다시 오마 굳게 언약하시고
영원히 변치 말자 다짐하시며
두 천사의 호위 받으며 하늘나라로 올라가신 예수님,
오직 그 약속만 믿고
날마다 먼 하늘 이상한 구름만 떠도
행여나 저 구름 타시고 우리 님 오시는가 해
마음 조이며 머리 들고 저 하늘 바라보는 나.

나의 마음 가는 곳, 나의 생각 머무는 곳,
나의 그리움 쌓이는 곳, 나의 사랑 충만한 곳,
나의 소망 넘치는 곳, 나의 그리운 님 계신
영광스럽고 빛난 그 나라여!
천년을 하루 같이 기다리면서
환란과 핍박과 고통만이 가득한 황막한 이 세상,
온갖 유혹의 함정뿐인 패역하고 살벌한 세상에서
날마다 내 영혼 당하는 것 차마 바라볼 수만 없어서
사랑하는 나의 님! 날 향해 황급히 달려오신
힘찬 그 발걸음 소리 내 귀에 쟁쟁하게 가까이 들려옴이라.

날마다 순간순간마다 나의 마음속에
아련히 떠오르는 님의 영광스런 그 모습 보고 싶어요
님 계신 그 영광의 나라, 님 곁으로 가고 싶어
믿음의 등불 밝히어 놓고
오늘도 이처럼 사모하며
목이 길도록 기다린다오.
하나님의 큰 소리와 함께
천사장의 나팔 소리 우렁차게 들려 올 그때
나의 주님께서 하늘 구름 타시고
영광중에 오셔서 자나 깨나 일편단심
순결을 지켜온 신부인 나의 이름 석 자
크게 부르실 그 날에 나의 주님 사랑의 품에 안기울
영광스런 그 날을.. 이 여린 가슴 조리며
오늘도 이렇게 사모하며 기다림이라
오, 주여! 언제나 오시렵니까?

주여! 내가 주님이 기뻐하실 구원의 열매를 많이 맺어
주님을 기쁘게 맞을 믿음의 준비가 되었을 그때,
그리고 주님의 마음에 들도록
충성되이 헌신하는 그 때에 오시옵소서.

우리를 향한 주님의 부탁과 약속.
주께서 우리에게 부탁하신 일

행 1:8. 오직 성령이 너희에게 임하시면 너희가 권능을 받고 예루살렘과 온 유대와 사마리아와 땅 끝까지 이르러 내 증인이 되리라 하시니라.

우리에게 하신 약속.

행 1:9-이 말씀을 마치시고 그들이 보는데 올려져 가시니 구름이 그를 가리어 보이지 않게 하더라
10. 올라가실 때에 제자들이 자세히 하늘을 쳐다보고 있는데 흰 옷 입은 두 사람이 그들 곁에 서서
11. 이르되 갈릴리 사람들아 어찌하여 서서 하늘을 쳐다보느냐 너희 가운데서 하늘로 올려지신 이 예수는 하늘로 가심을 본 그대로 오시리라 하였느니라.

하나님의 날을 간절히 사모하라.

벧후 3:10-그러나 주의 날이 도둑 같이 오리니 그 날에는 하늘이 큰 소리로 떠나가고 물질이 뜨거운 불에 풀어지고 땅과 그 중에 있는 모든 일이 드러나리로다
11. 이 모든 것이 이렇게 풀어지리니 너희가 어떠한 사람이 되어야 마땅하냐 거룩한 행실과 경건함으로
12. 하나님의 날이 임하기를 바라보고 간절히 사모하라 그 날에 하늘이 불에 타서 풀어지고 물질이 뜨거운 불에 녹아지려니와
13. 우리는 그의 약속대로 의가 있는 곳인 새 하늘과 새 땅을 바라보도다.

이 연약한 나,
그 날을 늘 사모하며, 늘 기다리며, 늘 바라보며,
그 날을 위해 정결로 단장하며,
주님이 기뻐하실 순결한 신부로서
영광의 주님을 감격 속에 맞으렵니다.

아무것도 가지고 가지 못하리니

딤전 6:7,
우리가 세상에 아무것도 가지고 온 것이 없으매 또한 아무것도 가지고 가지 못하리니.

딤전 6:8-우리가 먹을 것과 입을 것이 있은즉 족한 줄로 알 것이니라.
9. 부하려 하는 자들은 시험과 올무와 여러 가지 어리석고 해로운 욕심에 떨어지나니 곧 사람으로 파멸과 멸망에 빠지게 하는 것이라.
10. 돈을 사랑함이 일만 악의 뿌리가 되나니 이것을 탐내는 자들은 미혹을 받아 믿음에서 떠나 많은 근심으로써 자기를 찔렀도다.

히 13:5-돈을 사랑하지 말고 있는 바를 족한 줄 알라.

- 그가 친히 말씀하시기를 내가 결코 너희를 버리지 아니하고 너희를 떠나지 아니하리라 하셨느니라.

- 탐심은 탐심을 낳고

눅 12:15, 그들에게 이르시되 삼가 모든 탐심을 물리치라 사람의 생명이 그 소유의 넉넉한 데 있지 아니하니라.

톨스토이의 단편,

'사람에게는 얼마만큼의 땅이 필요한가?'라는 소설의 내용입니다.

러시아의 평범한 농부 바흠은 어느 날 어떤 지방에서, 땅 주인이 땅을 헐값에 판다는 말을 들었고, 그는 기대하는 마음으로 땅 주인에게 달려갔습니다. 그런데 땅 주인의 땅을 파는 방식은 대단히 독특했습니다.

"출발점을 떠나 하루 동안 당신의 발로 밟고 돌아온 땅이 바로 당신의 땅이 됩니다."

땅값은 일정한 데 자기 발로 걸은 만큼의 땅을 주겠다는 것이었습니다. 그렇지만 해가 지기 전에 그 출발점으로 돌아오지 않으면 모두 무효가 된다는 조건이 있었습니다. 하루 정도 열심히 달리면 100만 평 정도는 충분히 얻을 수 있을 거라 생각한 바흠은 이 계약에 동의했습니다.

다음 날, 아침 일찍 출발점을 떠난 바흠은 어느 때보다도 두 팔을 앞뒤로 힘차게 내저으며 달려 나갔습니다. 땅 부자가 되는 꿈에, 활활 타오르며 걷다 보니 음식도 먹지 않은 채 구덩이를 파서 표시를 하며 계속 전진했습니다. 어느덧 해가 서쪽으로 기울기 시작하고 이미 반환점을 돌았어야 하는 시점이었지만 자기 앞에 있는 땅들이 더 비옥하고 탐스럽게 보여서 걸음을 멈출 수가 없었습니다.

결국 해가 지평선 아래로 숨어들 때에야 바흠은 발걸음을 돌려 출발지점으로 달리기 시작했습니다. 곧 해가 지기 직전, 급한 마음에 더 빨리 달리기 시작했고 땀이 비 오듯 했지만, 땅을 얻기 위해 혼신을 다해 내달렸습니다. 드디어 젖 먹던 힘을 다해 간신히 출발점에 도착했지만 바흠은 그만 정신을 잃고 쓰러졌고 다시 일어나지 못했습니다. 결국 죽고만 바흠을 안타깝게 여겨 땅 주인은 그를 묻어주기로 했습니다.

그렇게 바흠은 [자신의 키보다 조금 더 큰 땅]에 묻히게 되었고, 바흠의 무덤을 바라보며 땅 주인은 이렇게 말했습니다. "사람에겐 얼마만큼의 땅이 필요한가?" 결국, 그에게 필요했던 땅은 그가 묻힐 [반 평 크기의 땅]이었습니다.

우리는 지금보다 더 풍족해지길 바라고 원합니다.
하지만, 사실 지금 것으로도 충분할지 모릅니다.

지금보다 더 소유하고 싶은 것은 욕심이겠지요.
욕심은 적당하면 원하는 것을 이루는 원동력이 되지만
지나치면 오히려 일을 그르치는 칼과 같습니다.
지나친 욕심은 더 갖지 못함에 대해
괴로움과 피폐함을 만들고 결국 자기 자신을
망가뜨리게 됩니다.

약 1:15, 욕심이 잉태한즉 죄를 낳고 죄가 장성한즉 사망을 낳느니라.

"욕심은 욕심을 낳고"-진실한 성도는 선한 사업에 부요하고
나누어주기를 좋아합니다.

딤전 6:17-네가 이 세대에서 부한 자들을 명하여 마음을 높이지 말고 정함이 없는 재물에 소망을 두지 말고 오직 우리에게 모든 것을
후히 주사 누리게 하시는 하나님께 두며
18. 선을 행하고 선한 사업을 많이 하고 나누어 주기를 좋아하며 너그러운 자가 되게 하라
19. 이것이 장래에 자기를 위하여 좋은 터를 쌓아 참된 생명을 취하는 것이니라.

마 6:20, 오직 너희를 위하여 보물을 하늘에 쌓아두라 거기는 좀이나 동록이 해하지 못하며 도적이 구멍을 뚫지도 못하고 도적질도 못하느니라.

욕심은 욕심을 낳고.

약 1:14-오직 각 사람이 시험을 받는 것은 자기 욕심에 끌려 미혹됨이니
15. 욕심이 잉태한즉 죄를 낳고 죄가 장성한즉 사망을 낳느니라.

욕심은 욕심을 낳고, 사망은 사망을 낳습니다.

민 15:39, 이 술은 너희로 보고 여호와의 모든 계명을 기억하여 준행하고 너희로 방종케 하는 자기의 마음과 눈의 욕심을 좇지 않게 하기 위함이라.

청색 끈이 각 술에 연결되어 있었습니다.
전통적으로 술 장식은 여덟 개의 실을 한데 묶어
이를 다섯 개 합해 만들었습니다.
이러한 술 장식은 백성들로 하여금
자신들의 욕망을 따르지 않고 여호와의 계명을 지키도록
상기시켜주는 역할을 하였습니다.(민 15:38 이하, 참조: 신 22:12, 마 9:20, 마 14:36, 마 23:5)
기억한다는 것은, 구속사와 율법에 근거한 신앙의 본래 모습을 보존시켜 줌에 있어서 중대한 구실을 합니다.

아담과 하와가 동산의 모든 식물을 다 허락을 받고
동산 중앙의 실과를 먹지 말라 하셨는데

하나님의 주권을 도전하여 많은 것을 주셨는데
또 욕심은 욕심을 낳아 선악과를 먹으므로
하나님의 동산에서 추방을 당하고
방황하는 인생을 살게 되었습니다.

시 78:30, 저희가 그 욕심에서 떠나지 아니하고 저희 식물이 아직 그 입에 있을 때에

이스라엘 백성이 광야 40년 여정 가운데
하나님의 특별한 은혜로 만나와 생수, 메추라기를
하나님의 식탁에서 만족하지 못하고
애굽의 부추와 마늘과 고기를 탐식하여
원망과 불평과 불신으로 약속을 받았으나
약속의 땅에 이르지 못하였습니다.

시 106:14, 광야에서 욕심을 크게 발하며 사막에서 하나님을 시험하였도다.

인간의 끊임없는 욕심은 끝내는 채워지지 않는
탐욕의 종적만을 남기고, 허무하게, 비참하게, 비겁하게,
비굴하게 종말을 남깁니다.

욕심은 욕심을 낳고.

렘 3:5, 노를 한 없이 계속하시겠으며 끝까지 두시겠나이까 하지 않겠느냐 보라 네가 이같이 말하여도 악을 행하여 네 욕심을 이루었느니라 하시니라.

끝없는 욕심은 사망이 다가오는 것을 보지 못하고
욕심을 넓히고. 만족하지 못하다가
노략을 당하게 됩니다.

욕심은 욕심을 낳고.

합 2:5-그는 술을 즐기며 궤휼하며 교만하여 가만히 있지 아니하고 그 욕심을 음부처럼 넓히며 또 그는 사망 같아서 족한 줄을 모르고 자기에게로 만국을 모으며 만민을 모으나니
6. 그 무리가 다 속담으로 그를 평론하며 조롱하는 시로 그를 풍자하지 않겠느냐 곧 이르기를 화 있을진저 자기 소유 아닌 것을 모으는 자여 언제까지 이르겠느냐 볼모 잡은 것으로 무겁게 짐진 자여
7. 너를 물 자들이 홀연히 일어나지 않겠느냐 너를 괴롭게 할 자들이 깨지 않겠느냐 네가 그들에게 노략을 당하지 않겠느냐.

한 알의 작은 씨가 많은 열매를 맺게 됩니다
그러나 과도한 욕심 세상에서
물건을 사고, 팔고
먹고 마시고, 시집가고, 장가가고
집을 짓고 하는 하찮은 일에 목숨을 걸고 욕심을 내어
신령한 것, 보배롭고 고귀한 것들을 놓치는 어리석은 생을
살아가는 현대인들에게 붙여준 이름은
어리석은 부자.

욕심은 욕심을 낳고.

막 4:19, 세상의 염려와 재리의 유혹과 기타 욕심이 들어와 말씀을 막아 결실치 못하게 되는 자요.

욕심을 버리지 않고 욕심을 회개치 않은 사탄은
타락의 원흉입니다.
욕심을 이루기 위해 거짓은 거짓을 낳고.
욕심과 거짓말은 사촌지간입니다.

요 8:44, 너희는 너희 아비 마귀에게서 났으니 너희 아비의 욕심을 너희도 행하고자 하느니라 저는 처음부터 살인한 자요 진리가 그 속에 없으므로 진리에 서지 못하고 거짓을 말할 때마다 제 것으로 말하나니 이는 저가 거짓말장이요 거짓의 아비가 되었음이니라.

그리스도 예수의 마음이 없는 신앙은 채워지지 않는 탐욕의 욕심에 짐승 같도다. 인간이기를 포기하는 짐승만도 못한 자로 추락하여 하나님의 사랑에서 버려진 존재가 되었습니다.

롬 1:26-이를 인하여 하나님께서 저희를 부끄러운 욕심에 내어 버려 두셨으니 곧 저희 여인들도 순리대로 쓸 것을 바꾸어 역리로 쓰며
27. 이와 같이 남자들도 순리대로 여인 쓰기를 버리고 서로 향하여 음욕이 불일 듯하매 남자가 남자로 더불어 부끄러운 일을 행하여 저희의 그릇됨에 상당한 보응을 그 자신에 받았느니라.

누가 이 사망의 몸에서 우리를 구원하십니까.
육신을 좇는 자는 육신의 생각을 영을 좇는 자는 영의 일을 생각하나니 육신의 생각은 사망이요 영의 생각은 생명과 평안이니라.

갈 5:16-내가 이르노니 너희는 성령을 좇아 행하라 그리하면 육체의 욕심을 이루지 아니하리라
24. 그리스도 예수의 사람들은 육체와 함께 그 정과 욕심을 십자가에 못 박았느니라.

오직 성령의 도움으로만이 가능합니다.
성령의 지혜와 계시로 늘 새롭게 하여 너희는 이 마음을 품으라 곧 그리스도 예수의 마음이니.

주님이 십자가에 못박혔나니 그런즉 이제는 내가 사는 것이 아니요 오직 내 안에 그리스도께서 사신 것이라.
이와 같은 고백이 나의 고백이 되어야 합니다.

욕심은 욕심을 낳고. 거짓은 거짓을 낳고

엡 2:3-전에는 우리도 다 그 가운데서 우리 육체의 욕심을 따라 지내며 육체와 마음의 원하는 것을 하여 다른 이들과 같이 본질상 진노의 자녀이었더니
4. 긍휼에 풍성하신 하나님이 우리를 사랑하신 그 큰 사랑을 인하여
5. 허물로 죽은 우리를 그리스도와 함께 살리셨고 (너희가 은혜로 구원을 얻은 것이라)

인류는 끊임없이 욕심을 부려 땅을 더 많이 가지려고
전쟁을 하고 죽이고 다투고 싸우지만 그 생명이 끝나면
한 평으로 족합니다.
욕심은 욕심을 낳고. 거짓은 거짓을 낳고.

약 4:2, 너희가 욕심을 내어도 얻지 못하고 살인하며 시기하여도 능히 취하지 못하나니 너희가 다투고 싸우는도다 너희가 얻지 못함은 구하지 아니함이요.

우리 주 예수님은 물과 피를 남김없이 다 주시고
옷 한 벌까지도 나누어주시고 가셨습니다.
우리도 아낌없이 다 주고 가는 자에게 천국에서
보상을, 상급을, 기업을 면류관을 받게 됩니다.

말에 실수가 없는 자

약 3:2,
우리가 다 실수가 많으니 만일 말에 실수가 없는 자면 곧 온전한 사람이라 능히 온 몸도 굴레 씌우리라.

아브라함은 믿음의 조상으로 유대인의 유대교의 조상이요
이슬람교의 조상이요. 기독교의 믿음의 조상입니다
그런데, 아브라함이 말에 실수를 했습니다.

창 12:10, 그 땅에 기근이 들었음으로 아브람이 애굽에 거류하려고 그리로 내려갔으니 이는 그 땅에 기근이 심하였음이라.

인간은 누구나 실수할 수 있습니다.
그러나 실수가 자랑거리가 아닙니다.
실수가 지극히 인간적인 일이라 해도 하나님의 자녀는
실수를 하지 않거나 같은 실수를 되풀이하지 않도록
최선을 다 해야 합니다.

아브라함은 가나안 땅에 기근이 심해지자
서둘러 애굽으로 내려갔다가 실수를 하고 맙니다.
아름다운 아내 때문에 생명을 잃을지도 모른다는

위협을 느낀 그는 아내에게 요청합니다.
"원하건대 그대는 나의 누이라 하라 그러면 내가 그대로 말미암아 안전하고 내 목숨이 그대로 말미암아 보존되리라."(창12:15)

이렇게 해서 위기는 겨우 모면했으나 아브라함은
결국 거짓이 들통 나서 큰 창피를 당했습니다.
성도가 실수를 하지 않으려면 세상에 발을
깊이 담그지 말아야 합니다.
이는 세상과 담을 쌓고 살아야 한다는 것은
아닙니다. 아브라함이 실수한 것은 약속의 땅을 떠나 애굽으로 내려갔기 때문입니다.
이 행동은 성도가 거룩한 곳을 떠나
세속문화에 발을 담그는 것에 비유됩니다.

사람이 세속의 문화에 떨어지면 결국
인생을 망치고 맙니다.
모든 성도가 실수를 하지 않으려면
시험 거리가 될 것은 아예 피해야 합니다.
아브라함은 애굽에 이르렀을 때 이미 위기를 느꼈습니다.
그는 실수할 수밖에 없는 형편임을
알면서도 계속 나아갔습니다.
아브라함의 실수는 그때 이미 시작되었습니다.

어떻게 보면, 인간은 실수를 하면서
성장하는 것이라고 합니다.
박형근의 '복음송', 실수하며 살지요
"왜 넘어지나요 실수한 것이지요.
실수하면서 살도록 짜여 진 구조 그 누가 깨뜨릴 수 있나요
왜 넘어질까요 또 실수한 것이겠죠.
실수하며 살도록 짜여 진 구조 그 누가 깨뜨릴 수 있나요
탓하기보다는 지켜보세요.
실수를 줄여가도록 도와주세요.
실패도 있는데 실수인들 없나요.
절망도 하는데 실수도 않겠어요.
실수하며 우리 모두 살지요"

아브라함은 길이 아니면 가지 않았어야 했습니다.
그리고 이왕 내려갔으면 어떤 어려움이 있더라도
진실하게 행동해야 했습니다.

잠 23:23, 진리는 사되 팔지는 말며 지혜와 훈계와 명철도 그리할지니라.

성도는 주님의 이름으로
손해 볼 각오를 해야 합니다.
어려움을 당하더라도
진실한 삶을 살아야 합니다.
이러한 각오로 단단히 무장하여

실수를 줄이는 우리가 되기를 간절히 축복합니다.

하나님! 인간의 연약함을 아시고 너그럽게 용서해 주시니 감사합니다. 조그만 어려움에도 쉽게 시험에 들고 실수하는 연약한 우리를 오늘 이 하루도 시험에 들거나 악에 빠지지 않도록 긍휼히 여기시고 은총을 베풀어 주옵소서.
거짓은 거짓을 낳고 욕심은 욕심을 낳고 그리하여 어떤 어려움이 닥쳐도 신실하고 진실하게 그리스도의 빛이 되고 소금이 되고 향기가 되고 영광이 되기를 축복합니다.

믿음에 굳게 하여 대적하라

벧전 5:8-9.
8. 근신하라 깨어라 너희 대적 마귀가 우는 사자같이 두루 다니며 삼킬 자를 찾나니
9. 너희는 믿음을 굳게 하여 저를 대적하라 이는 세상에 있는 너희 형제들도 동일한 고난을 당하는 줄을 앎이니라.

모든 동물에게는, 자신을 보호하고
상대를 공격할 무기들이 있습니다.
이런 자연 세계에서 살아가야 하는
연약한 인간에게 하나님은 지혜를 주셨습니다.
지혜는 인간을 만물의 영장이라는
가장 위대한 존재로 만들었습니다.

하나님이 주신 지혜는 인간에게 물질적인 세계뿐만 아니라
영적인 세계가 존재함을 알게 했습니다.
그런데 영적인 세계에는 하나님만 존재하는 것이 아닙니다.
하나님을 대적하는 사탄, 마귀도 있어
성도를 구원에 이르지 못하게 하고
자신의 종으로 삼고자 호시탐탐 기회를 엿보고 있습니다.

성도는 예수님의 피로 거듭나
하나님께 속한 자녀들입니다.
더 이상 마귀에게 무릎 꿇어서는 안 됩니다.

벧전 5:8, 근신하라 깨어라 너희 대적 마귀가 우는 사자 같이 두루 다니며 삼킬 자를 찾나니.

그러면 어떻게 깨어 있을 수 있을까요?

무엇보다 겸손해야 합니다.

벧전 5:5, 하나님은 겸손한 자들에게는 은혜를 주시느니라.

사탄과 마귀는 우리의 힘으로 이길 수 없습니다.
하나님이 도우시고 은혜를 베풀어 주셔야 합니다.
그 하나님의 은혜를 받기 위해 우리는 겸손해야 합니다.

염려를 다 주께 맡겨야 합니다.

벧전 5:7, 너희 염려를 다 주께 맡기라 이는 그가 너희를 돌보심이라.

염려를 다 주께 맡긴다는 것은 전능하신
하나님을 신뢰하는 믿음,
자신의 인생을
하나님이 돌보아 주신다는 믿음을

고백하는 것입니다.

자신의 내면을 더욱 깊이 생각하고 묵상함으로
늘 깨어 있어 성령님의 인도하심을 받아
영광스러운 승리의 기쁨을 누리길 간절히
소망합니다.

사탄의 권세를 이기고 승리하신 예수님!
험난한 세상의 길을 가는 성도로서
늘 항상 근신하고 깨어 있어, 우는 사자와 같이
삼킬 자를 찾는 마귀에게 패하지 않게 하옵소서.
주 안에서 날마다 승리하는 성도로서
기쁨을 누리며 살아가게 하옵소서.
예수 그리스도의 이름으로 기도합니다. 아멘.

어두움의 세상

요일 2:11,
그의 형제를 미워하는 자는 어두운 가운데 있고 또 어두운 가운데 행하며 갈 곳을 알지 못하나니 이는 어두움이 그의 눈을 멀게 하였음이니라.

혼돈과 공허와 흑암의 세상에 참 생명의 빛으로
어두운 세상에 오신 예수 그리스도.
이 어두움의 죄악의 땅에
생명의 빛으로 오신 예수 그리스도여!
죄와 허물로 오염된 나의 마음에
생명의 빛으로 오신 예수 그리스도여!
내가 참 빛 되신 예수님을
나의 구주로 기쁘게 영접하며 감격하여
엎드려 온 마음과 정성과 뜻 다해 찬양하며 경배드립니다.

참 빛 되신 예수!

요 1:9-참 빛 곧 세상에 와서 각 사람에게 비추는 빛이 있었나니
10. 그가 세상에 계셨으며 세상은 그로 말미암아 지은 바 되었으되 세상이 그를 알지 못하였고
11. 자기 땅에 오매 자기 백성이 영접하지 아니하였으나
12. 영접하는 자 곧 그 이름을 믿는 자들에게는 하나님의 자녀가 되는 권세를

주셨으니
13. 이는 혈통으로나 육정으로나 사람의 뜻으로 나지 아니하고 오직 하나님께로부터 난 자들이니라.

생명의 빛으로 이 세상에 오신 주여!
내 눈을 열어서 기이하신 예수를 보게 하시고
영광 중에 임하여 오소서,
만왕의 왕이여! 만주의 주시여! 예수 그리스도여!
나의 마음과 생각과 삶을 그 능하신 권능으로
날마다 순간마다 친히 다스리소서..

행 26:18, 그 눈을 뜨게 하여 어두움에서 빛으로 사단의 권세에서 하나님께로 돌아가게 하고 죄 사함과 나를 믿어 거룩케 된 무리 가운데서 기업을 얻게 하리라 하더이다.

영광의 주여! 생명의 빛으로 어두움의 이 세상에
흑암의 죄악 된 심령들 안에 오소서.

마구간의 모습.
요셉과 마리아, 천군, 천사들의 찬양.
동방박사들의 경배와 예물(황금, 유황, 몰약)
목자들의 경배와 찬송. 그리고 구유에 뉘이신
아기 예수님. 우리를 위하여 가장 약한 자의 모습으로 가장
가난한 자의 모습으로 가장 연한 순 같은 모습으로 가장 낮은 자리에
오신 하나님의 어린양께

온 맘 다하여 찬양하며 경배를 드립니다.
만왕의 왕 만주의 주께 신령과 진리로 감사와 찬송과 경배를
드립니다.

천사가 전하여준 온 백성에게 미칠 큰 기쁨의 좋은 소식.

눅 2:11, 오늘날 다윗의 동네에 너희를 위하여 구주가 나셨으니 곧 그리스도 주시니라.

허다한 천군 천사의 찬송.

눅 2:14, 지극히 높은 곳에서는 하나님께 영광이요 땅에서는 하나님의 기뻐하심을 입은 사람들 중에 평화로다.

오! 생명의 주 예수여, 이 땅을 고치시옵소서!
우리의 어두운 심령에 빛으로 오신 예수여
내 마음을 활짝 열어 기쁨으로 영접하여
모셔드립니다. 죄와 허물로 얼룩진 누추한 내 마음의 방에
성결의 왕이여, 고요히 임하시어
나를 깨끗하게 정결하게 하시고
영광 중에 좌정하사 영원히 거하시옵소서.
주의 피로 새롭게 거듭난 나는
이제 주님의 거룩한 신부로서
주님께 순결과 정절과 생명을 기쁘게 드리렵니다.

생명의 빛 예수여! 어두운 내 마음의 방에
찬란한 생명의 빛을 지금 빛나게 비춰 주옵소서..
나는 예수 그리스도를 구주로 영접한 자요
하나님께로부터 난자요 하나님의 자녀의
권세를 받은 자입니다.

요 1:12-영접하는 자 곧 그 이름을 믿는 자들에게는
하나님의 자녀가 되는 권세를 주셨으니
13. 이는 혈통으로나 육정으로나 사람의 뜻으로
나지 아니하고 오직 하나님께로부터 난 자들이니라.

빛의 자녀 된 나의 삶.

엡 5:8-너희가 전에는 어둠이더니 이제는 주 안에서 빛이라 빛의 자녀들처럼 행하라
9. 빛의 열매는 모든 착함과 의로움과 진실함에 있느니라.

주님의 크신 은혜를 입은 나, 이제부터
주님의 생명의 빛으로 빛 되어 소금 되어
향기 되어 편지 되어 착하고 의롭고 진실함으로
주의 뜻 이루며 새 하늘과 새 땅의 주인공으로 살겠습니다.

두아디라 교회의 영적 상태

계 2:19~23,
19. 내가 네 사업과 사랑과 믿음과 섬김과 인내를 아노니 네 나중 행위가 처음 것보다 많도다.
20. 그러나 네게 책망할 일이 있노라 자칭 선지자라 하는 여자 이세벨을 네가 용납함이니 그가 내 종들을 가르쳐 꾀어 행음하게 하고 우상의 제물을 먹게 하는도다 또 내가 그에게 회개할 기회를 주었으되
21. 자기의 음행을 회개하고자 하지 아니하는도다
22. 볼지어다 내가 그를 침상에 던질 터이요 또 그와 더불어 간음하는 자들도 만일 그의 행위를 회개하지 아니하면 큰 환난 가운데에 던지고 또 내가 사망으로
23. 그의 자녀를 죽이리니 모든 교회가 나는 사람의 뜻과 마음을 살피는 자인 줄 알지라 내가 너희 각 사람의 행위대로 갚아 주리라.

두아디라교회를 향하여 하시는 주님의 말씀이다.
주님은 두아디라교회에 대해
처음 사랑을 잊었다고
말씀하지 않으셨다.
두아디라 교회는 에베소 교회처럼
처음 사랑을 버리지 않았다는 것이다.
오히려 그 처음 사랑을 바탕으로
사랑과 믿음과 섬김과 인내의 행위들이 있었고,

나중 행위가 처음보다 많았다.

이런 영적 상태의 교회라면 입에 침이 마르도록
칭찬해야 마땅할 것이다.
하지만 그런 교회임에도 불구하고
단 한 가지 책망거리로 인하여
회개치 않으면 엄청난 심판을 받게 될 것이라고 말씀하신다.

이세벨은 누구인가?
아합의 아내로 이방여인이라
그가 이스라엘 백성에게
바알과 아세라 목상을 섬기게 한 악한 여인이라
이스라엘로 간음(영적간음)하게 하고,
그들을 미혹시켜서 우상의 제물을 먹게 하는 자다.(계 2:20)
처음 사랑을 버리지 않은 채,
온갖 사랑과 믿음과 인내의 정결한 행위들이
쏟아져 나온 그런 교회에서
어찌 이런 가증한 음녀 이세벨을 용납할 수 있단 말인가?

이유는 간단하다.
그 음녀 이세벨이 음녀 이세벨처럼 보이지 않았기 때문이다.
겉으로만 보면, 전혀 문제가 없어 보였다.
도리어 선하고 거룩하게 보이기까지 생각을 했다.

하지만 눈에 보이는 현실 너머의 영적 차원에서는
너무나 가증한 일들이 영적 원리에 의해
그대로 적용되고 있음에도
그런 영적 본질을 전혀 분별하지 못하고,
교회 안에 이세벨을 아무렇지 않게 용납해버렸다.

결국 그 많은 선한 행위들이 있었음에도,
음녀 이세벨을 용납한 죄 하나 때문에 회개하지 않으면
자녀들까지 죽이는 큰 환란 가운데 던지겠다는
무서운 심판의 말씀을 하셨다.

이 두아디라교회의 모습을 보면,
오늘날 한국교회들 가운데,
비슷한 영적 상태의 많은 교회들을 생각하게 된다.
정말, 주님 앞에 온전히 서 있는 것처럼,
교인들이 삶 가운데
세상에 지지 않고 승리하도록
성경적이요 지식적인 바른 메시지를 전하고,

이런 저런 의롭고 선한 행위들도 많고,
깨어 있는 것처럼 여겨지는 교회들이지만,
영적인 원리를 깨닫지 못하고,
눈에 보이는 현실에만 갇혀서

이 시대의 '이세벨'을 허용하고 있는 교회들.

악을 마주했을 때 그 악을 대처하는 것은 간단하다.
살전 5장 말씀처럼 애초에 일이 생길 수 있는
일말의 여지를 남기지 말고
악은 모양이라도 내어버리는 것이다.

하지만 이런 결단이 이뤄지지 않으면,
악과 어떤 식으로든 얽히게 원인과 여지가 남게 되고,
그런 상태에서 자칫 잘못해서
가증한 사탄이 틈을 타게 되는
영적 원리가 적용되게 되면,
요한2서 1장 말씀처럼 악인에게 인사만 해도
악의 대열에 참여하는 자가 되어버린다.
WCC, WEA, NCCK에 참여해서 그들과 연합하고
통합하는 것을 선하고 거룩하게 여기는 교회들.

개인적으로 WCC 반대했고, 참여하지도 않았으니
WCC 가입교단에 소속되어 있는 것을
아무런 문제로 여기지 않는 교회들.
북한의 사악한 우상 독재 체제와 연합하여
평화를 유지하려는 것을
마치 선한 일로 여기며 지지하고 동참하는 교회들.

스스로 행함이 많고 부요한 자라
여기는 수많은 이 시대 교회들이
이런 음녀 이세벨을 아무렇지 않게 여기고 용납함으로써
주님이 경고하신 것처럼
회개치 않으면 큰 환란에 던져질 것이다.

계시록의 일곱 교회가 그것을 그대로 증거하고 있고,
지금 많은 교회들의 현실이 그러하다.

이세벨의 정체?

계 17:5-그의 이마에 이름이 기록되어 있는데 비밀이라,
큰 바빌론이라 땅의 창녀들과 가증한 것들의 어미라."하였더라.
6. 또 내가 보니 그 여자가 성도들의 피와 예수의 순교자들의 피에 취하였더라.
그러므로 내가 그녀를 보고 크게 의아해 하며 놀랐노라
그러자 그 천사가 내게 말하기를 왜 놀라느냐.

계 18:3-이는 모든 민족들이 그녀의 음행으로 인한 진노의 포도주로 취한 까닭에 땅의 왕들이 그녀와 더불어 음행하였고 또 땅의 상인들은 그녀의 사치의 풍요함으로 부유하게 되었도다 라고 하더라.
4. 또 내가 들으니, 하늘에서 다른 음성이 나서 말하기를 "나의 백성들아, 그녀에게서 나오라. 그리하여 그녀의 죄들에 동참자가 되지 말고 그녀의 재앙들도 받지 말라
5. 이는 그녀의 죄들이 하늘에까지 닿았고 또 하나님께서는 그녀의 불의를 기억하셨기 때문이니라.

영육 간에 간음을 하는 자여,

회개하라. 천국이 가까웠느니라.
지금 이 시대에 우리의 신앙생활은
교단이 중요한 것이 아니라
말씀 위에 바로 서서 분별력을 갖고 살며
주님과 동행하며 사는 것이다.

딤후 2:15, 너는 진리의 말씀을 옳게 분별하며 부끄러울 것이 없는 일꾼으로 인정된 자로 자신을 하나님 앞에 드리기를 힘쓰라.